歴史文化ライブラリー
63

# 悲運の遣唐僧

## 円載の数奇な生涯

佐伯有清

吉川弘文館

原則として、初版で掲載した口絵は割愛しております。

目次

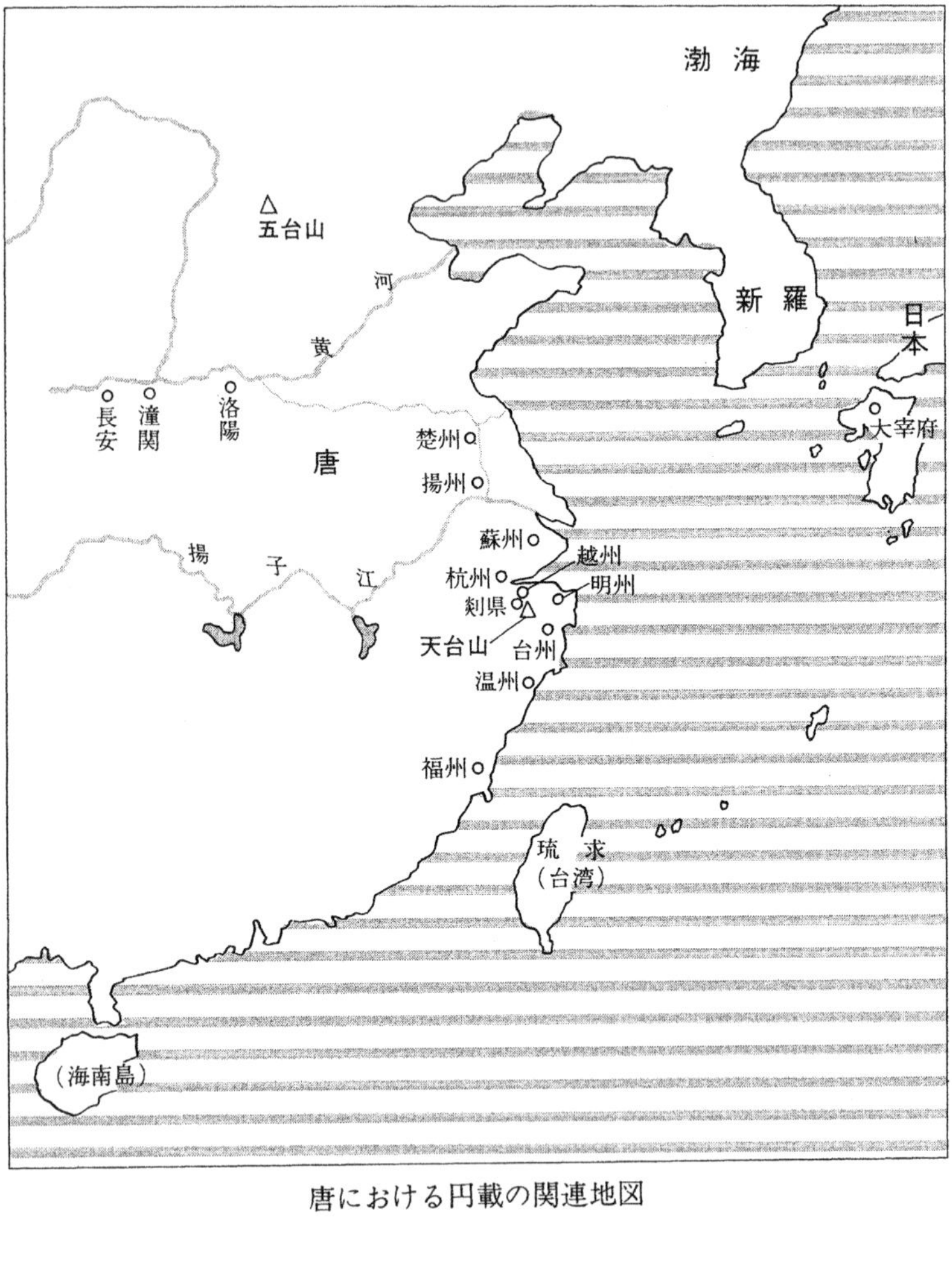


唐における円載の関連地図

# 円珍の夢



## 夢見る人

鎌倉時代の僧で栂尾《とがのお》の高山寺《こうざんじ》（京都市右京区梅ヶ畑栂尾町）の明恵《みようえ》（一一七三〜一二三二）は、自分のみた夢を克明に記録した人物として名高い。建久二年（一一九一）、十九歳のときから寛喜二年（一二三〇）、五十八歳に至るまでの四〇年間、書きつづった『夢記《ゆめのき》』のおよそ半分が今日に伝えられている。これは明恵の人物像を夢を通じて描くのに貴重な資料として異彩を放っている。

明恵に劣らぬ夢見る人としてあげてよい人物に平安時代初期の高僧円珍《えんちん》（八一四〜八九一）がいる。円珍にも『夢記』、もしくは『感夢記《かんむき》』という著述があった。

現存している円珍の『夢記』は、円珍が入唐求法中の唐の大中十年（日本の斉衡三年、八五六）五月十日、午睡《ごすい》のおりの長い夢の記録の部分だけである。――もっとも『三句大《さんぐだい》宗《しゆう》』の裏書に、大中十年正月一日から十四日までに見た夢の記録がある。これも『夢記』の一部かもしれない――。円珍の夢に右大臣の藤原良房《ふじわらのよしふさ》（八〇四～八七二）があらわれ、さまざまの意味深長な会話が円珍とのあいだで交わされたのである。

## 宿怨に逢着

大中十年（八五六）五月十日、昼下がりの円珍の夢は、八つの話が連続する長い長いものであった。その夢の一つに円珍が右大臣の良房に向って、こう語った場面がある。「自分は厚く天皇ならびに大臣から高大な御恩をいただいて、唐の国に参りましたが、宿怨《しゆくえん》に逢着《ほうちやく》して願いとしたところを成し遂げることができずに、素手《すで》で帰ってきました。大臣にお目にかかるのを恥じ、いままで身を隠して出かけて参りませんでした。いま大臣がお出ましになり、お目にかかりますと、親しく御下問になられ、恥じ入るばかりでございます」。

円珍は、唐の国で「宿怨に逢着」したために求法の念願を遂げることができなかったと夢のなかで藤原良房に語っている。夢にしろ、「宿怨」、すなわち「積年の怨恨」に思いがけず出くわしたというのは、いったい唐で、なにがあったのだろうか。

これは間違いなく、遣唐留学生円載《けんとうるがくしようえんさい》（八〇六？～八七七？）との唐での確執《かくしつ》である。円珍は、これを「宿怨に逢着」したと日ごろ思っていたからこそ、夢のなかでも、円載に対して怨みがましいことを零《こぼ》すのである。

円珍の夢に円載という確執相手の留学僧があらわれるのは、このときばかりではない。円珍の在唐日記である『在唐巡礼記』、あるいは『在唐私記』の抄録本で唯一現存している『行歴抄《ぎょうれきしょう》』にもいくつかの夢の記録がみえる。それらのなかで、円載にかかわる夢には、次のようなものがある。

## 白乳の流入

唐の大中九年（日本の斉衡二年、八五五）十月三日の夜、円珍は長安青龍寺の金剛界曼荼羅《こんごうかいまんだら》道場の壇《だん》に安置されている諸仏像の足の下から、それぞれ白乳が流れだしてきて、円珍の口に入るという、まことに不可思議な夢をみた。

この夢は、円珍の青龍寺法全《はっせん》からの受法が、すべてうまく運びだすことになる予兆であった。これまで法全からの受法が、すんなりいかなかったのは、円載の円珍に対する誹謗《ひぼう》が法全の耳に入っていたためであった。もちろんこの夢には、直接円載があらわれるわけではない。しかし、翌日、法全は円載が円珍のために「はなはだ邪魔立《じゃまだ》てして、すべてが成し遂げられるのを望まなかった」と、つつみ隠さずに円載が円珍の受法を妨害していたと話しだした。法全は、これまで円載の言葉を、そのまま受け取って円珍を悩み苦しませてきたことを詫《わ》びた。以後、法全の円珍への授法が、とどこおりなく行なわれたというから、その夢は、たしかに円載とかかわっていたのである。

円載にかかわる円珍の夢で、もっとも衝撃的なのは、円載溺死の夢である。

## 円載溺死の夢

かつて円珍は、門弟に、こう語ったことがあった。「ああ、留学和尚《るがくかしよう》の円載は、唐から帰朝するさいに、大海原《おおうなばら》のなかに漂没してしまった。悲しいことだ。亡骸《なきがら》が父母の国に帰ることなく、空しく身《み》を鮫魚《こうぎよ》の郷《くに》で終《し》なせてしまった。これが巡り合わせというものか、何とも致し方がない」。このように話すと、円珍は感きわまって泣きむせび、とめどもなく涙を流したという。

これは円珍の予見的な夢での話であったろう。やがて円珍の「夢のお告《つげ》」どおり、円載は、唐からの帰途、空しく海底の藻屑《もくず》と消えたという悲しい知らせが、円珍のもとにも届いた。

円珍が唐において憎しみを剝《む》きだしにした相手である円載という人物は、いったいどのような僧侶だったのであろうか。円載は、円珍から「賊」とも呼ばれて嫌悪《けんお》されたが、はたして実相はどうだったのか。帰国の途次、溺死するという悲運に泣いた円載の生涯をたどって、ひとりの遣唐留学僧の唐での生きざまを浮き彫りにしてみよう。

# 唐への旅立ち

# 入唐留学

## 最澄の門弟

円珍から悪しざまに罵《ののし》られることになる円載は、日本天台宗の開創者である最澄の門弟であった。大和《やまと》の国（奈良県）の人と伝えられている。しかし、円載がどのような家に生まれ育ったのかは、まったく知られていない。円載は、幼少のころ最澄に師事し、仏典に通暁し、儒書《じゅしょ》にも精通していたといわれるほどの俊秀であった。だからこそ承和《じょうわ》の遣唐使の留学僧に選ばれたのである。

円載の推定年齢からすると、円載が最澄（七六七〜八二二）の門下の人となったのは、最澄の最晩年のことであったと思われる。円載が年分度者となり得度したのは、最澄の後継者となった円澄《えんちょう》（七七二〜八三七）のもとでのことであろう。円珍が『行歴抄《ぎょうれきしょう》』で、円載とは昔《むかし》、延暦寺で席をならべていた仲《なか》であると記していることからすると、円載は、最澄の没後、義真（七八一〜八三三）にも師事したことがあったのであろう。

**遣唐使の任命**

承和元年（八三四）正月十九日、藤原常嗣《つねつぐ》（七九六〜八四〇）を大使、小《お》野篁《ののたかむら》（八〇二〜八五二）を副使とする遣唐使が任命された。この日、随員として判官四人、録事三人の発令があった。ついで八月十日、遣唐録事、准録事、知乗船事各一人の任命があった。

翌承和二年（八三五）二月二日、長岑高名《ながみねのたかな》（七九四〜八五七）を遣唐判官、松川《まつかわ》（高《たか》岑《みね》）貞嗣《のさだつぐ》（生没年不詳）を録事、大和耳主《やまとのみみぬし》と盧原有守《いおはらのありもり》（ともに生没年不詳）を訳語《おさ》（通訳）とする辞令がだされた。こののちにも、藤原貞敏《さだとし》を遣唐准判官に任命することなどがあったが、ここに承和の遣唐使の幹部級の人員が整い、あわせて大使以下、水手《かこ》（船乗り）にいたる総勢六〇〇人余りの大使節団の編成が終った。もちろん、このなかに遣唐留学僧《るがくそう》、および遣唐請益僧《しょうやくそう》の、あわせて七人の顔ぶれもあった。

唐へ派遣されることになった七人の僧侶は、次のような人びとであった。

天台宗からは請益僧の円仁（七九四〜八六四）、留学僧の円載（八〇六?〜八七七?）、真言宗からは請益僧の真済《しんぜい》（八〇〇〜八六〇）、留学僧の真然《しんぜん》（?〜八九一）、法相宗からは請益僧の戒明《かいみよう》（七九二～八四九）、留学僧の義澄《ぎちよう》（生没年不詳）、三論宗からは留学僧の常暁《じようぎよう》（?～八六六）の七名が選任されたのである。

彼らは、いずれも承和二年（八三五）中に、それぞれ請益僧、あるいは留学僧として発令されたであろう。各人の入唐僧任命の記録はないが、円仁の伝記『慈覚大師伝』に、「俄《にわ》かにして朝家、勅有りて、忽ちに請益に充《あ》つ」とする記事を、承和二年のくだりに掲げ、また円澄《えんちよう》（七七二～八三七）が、円仁の師でもあった下野国《しもつけのくに》都賀郡大慈寺の住僧広智へ送った同年十一月五日付の書簡に、円仁が入唐することになったと報じていることによって、他の遣唐僧すべての任命も、承和二年であったとみなすことができる。

## 難波の港を発つ

翌承和三年（八三六）五月十四日、「四船《よつのふね》」と呼ばれた四隻の船団からなる遣唐使船が、難波《なにわ》の港から船出《ふなで》した。

天台留学僧の円載は、同請益僧の円仁とともに遣唐大使の乗る第一船に乗り込んだ。ときに円載は、齢《よわい》三十歳前後。航海の危険を危惧《きぐ》しながらも、憧《あこが》れの大国唐で仏教の勉学ができることに胸をときめかせていたであろう。

出帆してから四日後、大暴風雨に見舞われた。遣唐使の四船は、そろって摂津国《せっつのくに》の輪田泊《わだのとまり》（神戸港）に緊急避難した。

この夏台風《なつたいふう》は、海上ばかりでなく、もちろん陸上でも猛威をふるった。樹木は折れ、家屋は、ばらばらに崩れ、破壊された。平安の都城内の人家で、壊れなかったものは、ほとんどないほどの酷《ひど》さであった。

遣唐使船の安否を懸念《けねん》した朝廷では、即座に「看督近衛《かとのこのえ》」(勅命によって水害視察、救療などに使者として派遣される近衛府の役人。「性識強幹」の者が、左右両府から各二人選任)一人を輪田泊へ派遣したが、途中、河川の氾濫《はんらん》のために通行することができなかった。各所で洪水が起きるほどの大量の雨が容赦なく降ったのである。

幸いなことに、この暴風雨による被害は、遣唐使船にはなかった。だが、この嵐《あらし》は今次《こんじ》の遣唐使出発の出端《ではな》を挫《くじ》いた恰好《かっこう》となり、行く手の多難さを暗示させる出来事《できごと》であった。

## 渡海の失敗

七月十五日、大宰府から早馬《はやうま》があって、今月二日に遣唐使の「四舶《よつのふね》」が、そろって博多津《はかたのつ》を出帆したという知らせがとどいた。ところが、その翌日、大宰府から遣唐使の第一船と第四船とが肥前《ひぜん》国(熊本県)に漂着したとの報告がもたらされた。

遣唐大使の乗る第一船と遣唐判官《ほうがん》菅原善主《すがわらのよしぬし》の指揮する第四船の破損は、予想以上にひどく、かなりの修理が必要であった。

副使小野篁の乗る第二船と判官丹墀文雄《たじひのふみお》を船頭《ふねのかみ》とする第三船の消息は、杳《よう》としてわからなかった。安否を気遣《きづか》っているうちに、第二船は肥前国松浦《まつら》郡の別島《わけのしま》に漂着しているとの報告を携えた早馬が大宰府から到着した。

## 第三船の遭難

やがて第三船に乗り組んでいた水手《かこ》一六人が対馬嶋《つしまのしま》の南浦《みなみうら》に漂着したとの報告が都にとどいた。

第三船の水脚《かこ》十六人、板を編《あ》み桴《いかだ》の如くにして、之に駕《の》り対馬嶋の南浦に漂着す。其の水脚《かこら》等申して云わく、船《おおぶね》、実に数に依《したが》って解《はな》れ散《ち》る。者《てえ》れば翻水収《ほんすいとど》まらず、悔《うら》みても何ぞ及ばんと。言《ここ》に災変を念《おも》い、永く用《も》って憫《あわれ》み傷《いた》む。

これが大宰府からの報告である。そこには水手（水脚）の言上が引用されていた。これと同時にとどいた「別奏」には、遭難した遣唐使人六百有余に食糧を供給することが、旱魃《かんばつ》と疫病による疲弊《ひへい》つづきのため不可能であるとの知らせがあった。

第三船の漂損のもようが、ひきつづいて伝えられた。なかでも第三船に乗っていた真言《しんごん》請益僧《しょうやくそう》の真済《しんぜい》と同留学僧《るがくそう》の真然《しんぜん》は、口も利《き》けず、かろうじて筆を執っての応答は、まことに痛々《いたいた》しかった。

柂《かじ》は折れ、棚《たな》は落ち、潮《しお》は溢《あふ》れ、人は溺《おぼ》る。船頭已下《いか》、百卌余人は、波に任《まか》せて漂《ひょう》蕩《とう》せり。爰《ここ》に船頭判官丹墀文雄《たじひのふみお》、議して云《い》わく、我等《われら》、空《むな》しく船上に渇死《かっし》せんとす。船を壊《こわ》し、筏《いかだ》に作り、各々乗りて水を覓《もと》むるに如《し》かずと。録事已下《ろくじいか》、争いて舶の板を放ち取り、桴《いかだ》を造りて、各々去れり。自外は復《ま》た言う所无《な》し。

## 悲惨な記録

海難《かいなん》の悲惨な記録は、真済《しんぜい》の卒伝にもみえる。

真済、朝命を奉《うけたまわ》り、使に随って海を渡る。中途にして漂蕩《ひょうとう》す。船舶は破裂し、真済は纔《わず》かに一筏《いちばつ》に駕し、波に随《まか》せて去《ゆ》き、泛々然《はんはんぜん》（浮びただようさま）として到る所を知らず。凡《およ》そ海上に在《あ》ること廿三日、其の同乗する者卅余人、皆《みな》、悉《ことごと》くに餓死して、活《い》くる所は真済と弟子の真然《しんぜん》との二人のみ。……皮膚《ひふ》は腐爛《ふらん》し、尸居《しきょ》（人《ひと》形《がた》のように何もしないでいること）して動かず。

幸いにも生命をながらえた請益僧の真済と留学僧の真然の二人は、その遭難を不吉なものとして憚《はばか》られ、ふたたび渡海して唐へ行くことができなくなってしまった。天台留学僧の円載や請益僧の円仁は、真言請益僧の真済や留学僧の真然のような死の寸前にまで追い込まれはしなかった。けれども九死に一生を得た体験には共通するものがあった。たとえば円載や円仁が乗船していた遣唐使船の指揮官であった遣唐大使藤原常嗣らの上表に、遠く大瀛《だいえい》（大海）に入り、日夜漂簸《ひょうは》し（ただよい）、了《つい》に生頼《しょうらい》無し（生きようとするにも頼るものがない）。只《ただ》、蕭鍔《しょうがく》（幸運を万が一のぞみをかける）を水波に待ち、殯葬《ひんそう》（葬ること）を魚腹《ぎょふく》に占《し》む。而《しか》れども天は人を殲《ころ》さず、裁《わず》かに旧壌《きゅうじょう》（本土）に泊《と》まる。

とあるのは、大海原《おおうなばら》で暴風雨に翻弄《ほんろう》され、生きた心地《ここち》がしなかった恐ろしいさまを、あますところなく表現している。

この上表には、「蕭鍔《しょうがく》」など難解な字句をつかっての修辞がみられる。「蕭鍔」とは、『漢書』蕭望之《しょうぼうし》伝に、「願《ねが》わくは区区《くく》を竭《つく》して、鋒鍔《ほうがく》（刀剣）を底厲《ていれい》し（みがく）、万分が一に奉ぜん」とみえるのを典拠とする字句で、幸いを万に一つに求めることを意味する。もちろん「蕭鍔」の「蕭」は、蕭望之の姓、「鍔」は、「鋒鍔」の「鍔」からなる成句である。また「殯葬を魚服に占む」という文は、『史記』屈原伝に、

誰《たれ》か能《よ》く身の察察《さつさつ》（清らかなこと）たるを以て、物の汶汶《もんもん》（汚れていること）たる者を受けんや。寧ろ常流に赴きて、江魚の腹中に葬らしむ。（『史記』のこの文は、屈原の作といわれる『楚辞』漁父《ぎょほ》に、「安んぞ能く身の察察たるを以て、物の汶汶たる者を受けんや。寧ろ湘流に赴きて、江魚の腹中に葬らしむ」によっている。）

とあるのを出典とする。ちなみに空海が渡唐するのに同船した遣唐大使藤原葛野麻呂に代

って筆を執った「大使福州の観察使《かんさつし》に与うるが為《ため》の書」に、

猛風に頻蹙《ひんしゅく》して（顔をしかめて）鼈口《べっこう》（大亀の口）に葬《ほうむ》らしむことを待ち、驚汰《けいたい》（あら浪）に攅眉《さんび》して（眉をひそめて）宅《いえ》を鯨腹《けいふく》に占《し》む。

とある渡海中の恐怖を語った一節も、大使藤原常嗣らの上表にみえる「殯葬を魚腹に占む」に通じている。もちろん藤原葛野麻呂と常嗣とは、実の親子である。彼らは、父子二代にわたって遣唐大使となったとして名高い。常嗣らの上表文を書いた遣唐使人は、空海代筆の右の文を意識して書いたものか。関連あるとすれば興味深い話となろう。

## 三度目の渡海挑戦

承和五年（八三八）六月十三日正午ごろ、円載と円仁は、第一船に乗り出帆を待つばかりとなった。順風をえなかったため、博多津の出港は四日後の六月十七日夜半であった。間もなく志賀島《しかのしま》（福岡市東区志賀島）の東の海に到ったが、追い風をえないので、五日間の停泊を余儀なくさせられた。

六月二十二日、一路唐を目指しての出発となった。第一船と同時に出帆したのは第四船であったが、二十四日、第四船が第一船のはるか前方を西方に向かって航行しているのを望見したと円仁は記している。この日、遣唐大使の藤原常嗣は、観音菩薩像を画師に描《えが》かせた。これは、『法華経』観世音菩薩普門品（『観音経』）に、「大海に入らんに、仮使《たとい》、黒《こく》風《ふう》（暴風）其の船舫《ふね》を吹きて、羅刹鬼《らせつき》（悪い鬼たち）の国に飄《ただよ》わし堕《おと》しめんに、其の中に若《も》し、乃至一人《ひとり》有りて、観世音菩薩の名《みな》を称《とな》えば、是の諸《もろもろ》の人等《ひとら》は、皆《みな》、羅刹《らせつ》の難を解脱《まぬが》るることを得ん」、あるいは「巨海《こかい》に漂流《ひょうる》して、竜・魚・諸の鬼の難あらんに、彼の観音の力を念ぜば、波浪も没《もつ》すること能わざらん」とあるのにもとづき、海難を避けるために備えたものであった。

このとき留学僧の円載と請益僧の円仁とは、ともに読経《どきょう》して航海の安全を祈った。しかし、その翌々日から波が高くなった。船体を接続する鉄の板が、波に敲《たた》かれて、ことごとく脱落し、航行するのに危険な状態となった。ひきつづき強風が吹き荒れ、波は高く猛《たけ》り立ち、ついに船は、浅瀬に乗り上げてしまった。座礁《ざしょう》してからも船は大波によって、東に傾《かたむ》き、あるいは西に斜《なな》めに聳《そそ》り立つといった有様であった。船上の人びとは、仏や神に頼るばかりであった。そしてどうしたらよいのか、取り乱して狼《うろた》えるだけであった。もはや運を天に任せるようほかに仕方がなかった。

### 海陵県東梁豊村に上陸

円載らは、七月二日、米や塩などを積む小船に乗ることができ、幸いにも揚州海陵県白潮鎮桑田郷東梁豊村《そうでんごうとうりょうほうそん》（江蘇省南通県の掘港と呂四の中間地帯）に上陸した。請益僧の円仁は、「日本国の承和五年七月二日は、即ち大唐の開成三年七月二日なり。年号は殊《こと》なると雖《いえど》も、而も月日は共《とも》に同じ」と感慨深げに、その日記に書いた。僥倖《ぎょうこう》に恵まれて死をまぬがれた円載もまた、円仁と同じ感慨にひたったであろう。その夜、円載らは、駐屯軍（守捉《しゅそ》）の要人季賓《きひん》の家に行って宿泊した。

七月二十三日、円載らは海陵県（泰県）に到着するまで掘港《くつこう》から水路を船で、苦労をかさねながらの旅を体験した。海陵県に着いたとき、円載は、円仁とともに、なお船上にとどまっていた。県の住民が、みな集って来て、外国からはるばるやって来た珍客を物珍《ものめずら》しげに見あげていた。円仁はその日記に、「留学僧（円載）は肚《はら》の裏《うち》、好《よろ》しからず」と記した。この日記の文を、「円載は腸を患《わずら》っていた」とか、あるいは「遣唐官吏に対して僧侶である円仁、円載らよりもさきに布施の銭（奉銭）が施されたのは筋違いであると円載が不平を鳴らした」とみなす解釈がある。

## 円載不快の真相

前説は、七月十二日に円仁が、東梁豊村から延海村の国清寺に来て、この寺を宿所としたが、円載は一日遅れて延海村に来て、国清寺内に同居したと円仁が記しているのにつづいて、「赤痢を患う（患二赤痢一）」とあるのを、円載が赤痢に罹《かか》っていたと理解し、そのことと関連させて、円載は腸を患っていたとして、「肚の裏、好しからず」という文を解釈したのであろう。

しかし、「肚《はら》の裏《うち》（肚裏《とり》・肚裡《とり》）」とは、「腸のなか（腸内）」を意味する生理的なことを表現する語句ではなく、「心のなか、胸のうち」を意味する心理的なことを言いあらわす言辞《げんじ》である。したがって、そのとき円載が腸の具合が悪かったとはいえない。

それならば、後者の解釈はどうか。遣唐大使や判官らが、円載たちよりも、さきに船を下りて、海陵県の西池寺に入り宿住し、県の役人たちが布施の銭（奉銭）を大使らに施したことに対して、円載が不満をもらしたとするのは、「肚の裏」を心理的表現の語句としてとらえている点で妥当である。ただし円仁は、「肚の裏、好《よろ》しからず」という文を、大使たちが布施を受けたことを記す文のもとにではなく、物見高い県内の人びとが、ことごとく集まって来て、争ってなお船上にとどまっていた円仁、円載たちを見あげたという文につづけて記している。そこで円載は、自分たちが人目《ひとめ》に晒《さら》され、あたかも見世物となっていることに、旅の疲れも手伝って苛《いら》いらしていたためとみるほうが自然であろう。円載が布施をもらえなかったのに不平をもらしたと解釈するのは、円載が金銭に執着《しゅうじゃく》する性格の人物であるとみなす先入観によるものと思われる。

## 七月二十四日の円載

この日、西池寺の座主謙《けん》法師ならびに三綱《さんごう》(三人の役僧)が、あい前後して船上の円仁、円載が遠路はるばる渡航してきたことを労《ねぎら》いに訪れて来た。円載は円仁とともに筆談でもって心を通《かよ》わせた。この日の朝、西池寺では『大乗起信論』の講義のあったことを、円載らは、筆談のさいに知った。

西池寺の僧たちは、しばらく船上にとどまっていたが、やがて帰っていった。間もなく遣唐大使一行は、西池寺を出て船に乗り、揚州へ向けて出発した。夕方、海陵県から五十余里の地点にある宜《ぎ》陵《りょう》鎮《ちん》の水駅に到着し、船は館舎の前に停泊した。准《じゅん》判《ほう》官《がん》の藤原貞《さだ》敏《とし》(八〇七~八六七)が急に下痢《げり》を催したからである。

円載は、円仁と連れ立って下船して、藤原貞敏を見舞い、ただちに船に引き返した。そのころ遣唐使一行の多くは、下痢に悩まされていた。現地の飲み水がいたって悪かったためと思われる。

翌二十五日の夕方、揚州に到着した。遣唐大使たちは船から下りて宿をとったが、円載と円仁は、船上に残っていた。夜になると雨が降ってきた。円仁は、その日の日記に、「辛苦すること尤《もっと》も劇《はげ》し」と書きとめた。水路を水牛に曳《ひ》かれて航行する船は、雨避《あま》《よ》けの備えも不充分な粗末な作りであった。そのため雨水が容赦もなく船内に吹き込み、びしょ濡《ぬ》れになってしまったのであろう。円仁は、これ以前にも雨が降るたびに、同じことを繰り返し日記に記している。

船上に円仁とともにとどまっていた円載も、「辛苦すること尤も劇し」い体験を味わい、艱難《かんなん》に耐え忍びながら唐に着いてから二十三日ぶりに揚州府に到着した。翌七月二十六日の夕刻、船を下りて官設の宿泊所である江南官店に宿泊した。円載は、円仁とは別の部屋に入った。円載は、しばらくぶりにゆっくり休むことができたであろう。

## 揚州での円載

八月一日、円仁とともに円載は、遣唐使の役所に文書を差しだし、台州の国清寺《こくせいじ》に向かいたいと要請した。三日になって、その文書が揚州の府庁に提出されたことを円載らは知った。翌日の午後、揚州の府庁から円載らの求法の行き先と目的についてを訊ねる文書が届いた。円載への質問文書には、

留学僧円載《えんさい》、沙弥《しやみ》仁好《にんこう》、伴《ばん》始満《しまん》

右、台州国清寺に往くを請うは、師を尋《たず》ねて便《すなわ》ち台州に住するか、復《また》台州より却《かえ》り来たりて、上都（長安）に赴《おもむ》き去《ゆ》かんとするか。

とあった。この問いに答えて円載は、台州の国清寺に行き、「師に随って学問」したいこ

と、もし台州に、まったく教えを説く人と学ぶことのできる教えとがなければ、あるいは長安に行って仏法を求め、諸州を遍歴して法を訪ね求めたいことを申し述べた。このとき、請益僧の円仁は、「師を尋《たず》ねて疑《うたが》わしきを決する」ことを申しでている。

円載のいう「師に随って学問」するとは、まさしく留学僧の任務である。いっぽう、円仁が「師を尋ねて疑わしきを決する」と述べているのは、まぎれもなく請益僧の役目を端的に言いあらわしたものである。

こうして円載たちは、台州の国清寺に赴くことの許可を待っていた。八月十日に円載と円仁は、それぞれ携帯品の重さを量って遣唐使本部にその記録を提出した。外国の旅客の携帯品の重量を調べることは、『新唐書』百官志、刑部《けいぶ》、司門郎中《しもんろうちゅう》条に、外国の旅行者の行き来《ゆき》にあたって、その携帯品の重量を調べる任務のあることを記し、一つの関所を通れば、他の関所では重量の吟味の必要はないとある。こうした規定に則して円載らは、携帯品の重量を記録したものを提出したわけであった。

## 天台山行きの遅延

円載らは、いつでも天台山へ向かう準備を万端整え終っていた。しかし、天台山行きの公式許可が、いつになったらでるのか、皆目見当がつかない状況であることを、間もなく円載らは思い知らされることになる。

円載らが天台山へ携帯していく物品の重さを量り、その算定報告を行なったその日に、遣唐使を接待する担当官の王友真《おうゆうしん》が、前日にひきつづいて訪ねてきた。前日（八月九日）の王友真の訪問は、江南官店に宿泊していた円載らを慰問し、あわせて速やかに台州に行けるよう、どのように取り計らったらよいかの相談であった。

翌日、王友真がやって来て、「揚州大都督府の都督である李徳裕《りとくゆう》（七八七〜八四九）から皇帝への上奏は、すでに終っている。当然のこととして勅許があるのを待って、台州へ発つべきである」と語った。これは李都督の意向を、王友真が伝えに来たものであろう。

いっぽう、この日（八月十日）、遣唐大使の藤原常嗣は、「留学僧の円載は、しばらく揚州府に留《とど》まり、請益僧の円仁は、勅命伝達の文書が届くのを待たないで、とりあえず台州へ向かわせたい」旨の文書を、李都督に送った。二、三日後に李都督から「断じて出発するのを認めない。勅許の通達文書が届くのを待って、指示を決める。それまで、僧侶は、揚州の開元寺内に居住させることにする」という返事があった。

遣唐大使藤原常嗣が李徳裕に伝えた円載の揚州残留、円仁の天台山行きの暫定《ざんてい》案は、前日の円載らが王友真と相談したことにもとづいているのであろう。

円載の留学期間は、次回の遣唐使が来唐し帰国するまでの期間が、いちおうの留学期限とみられるから在唐の日限に十二分《じゅうにぶん》の余裕があった。だが請益僧の円仁の場合は、行《こう》をともにした遣唐使とともに帰国しなければならなかったので、日取りに、ゆとりがなかった。そこで勅許の文書が伝達されるのを待たないで、とりあえず台州に向かわせたいと申しでたものであった。

しかし、円載の天台山行きは、これから半年余りも待たされることになる。そして円仁の期待は、見事に裏切られる結果となる。

## 揚州開元寺にて

円載らを開元寺に居住させるという通達が李都督からあったのは、八月二十二日のことであった。そして彼らが開元寺に居を移したのは、その翌々日であった。住房は、開元寺東塔の北、第三廊の中間の部屋であった。円載らは、開元寺の主だった僧侶たちから歓待された。開元寺は、唐の各州に置かれた官寺であって、日本の国分寺は、開元寺の制度に類するものである。

揚州の開元寺には、百余名の僧侶が止住していた。彼らに食事を供するために円載と円仁は、沙金小二両ずつを、開元寺の事務所に送った。「沙金小四両」に添えた円載らの文書は、次のようであった。

右、求法僧等は、万里を免《まぬか》れて、再び生日を見るを得たり。暫《しばら》く寺裏に住して、泉樹の因を結ばんとす。謹んで件《くだん》の沙金を献じ、以て香積《こうしゃく》の供《く》に替う。伏して願わくは、弁供の労を加え、用《もっ》て寺裏の衆僧の空飯に宛てよ。但し期は明日に在り。

この文書に、円仁は、「(日)本国天台法花宗《ほっけしゅう》還学伝燈法師〔位僧円仁〕」と署名し、円載は「留学伝燈満位僧〔円載〕」と自署した。これによって、当時、円載は伝燈満位の位階を帯びていたことが知られる。

開元寺における円仁、円載らの食事供養に関する八月二十六日付の文書には、その期を「明日」、すなわち翌二十七日にすることが記されていた。しかし、寺中の僧侶に食事の供養が行なわれたのは、三日後の八月二十九日のことであった。二十九日は二十七日の誤りか、または二日延びたのか不明といわれている。しかし、円仁の記述によれば、「登時《ただ》ちに、寺家の報を得たるに偁《いわ》く、須《すべか》らく金数を具《ぐ》して、更に官に報じて、処分を取り、空飯を設く可しと」とあるので、「空飯」を設けるのには、揚州府の役所に報告して決裁を受けなければならなかった。そこで「明日」というわけにはいかず、二日後の二十九日となったのである。

## その後の情報

九月十一日、円仁は、その日の日記に、遣唐副使の小野篁《おののたかむら》が渡海しないで日本に残留したのを聞いたと記している。小野篁は、遣唐副使の重《じゅう》職《しょく》を忌避したのである。俊敏《しゅんびん》な円載は、この報に接して、これからの遣唐使派遣に翳《かげ》りを落とす事件となる予感が頭をよぎったかもしれない。

翌々日、円載らの天台山行きにかかわる皇帝の決裁を知らせる文書が、揚州府庁に届いたということを円載らは、耳にした。やがてその文書の内容は、遣唐大使が長安の都に入り、皇帝に上奏し、皇帝の承認決定の文書が発行された後に、はじめて天台山に向かわせるというものであった。

このような回答にもめげることなく遣唐大使の藤原常嗣は、かさねて請益僧の円仁を留学僧の円載よりも先に天台山へ出発させたいとの書簡を揚州都督の李徳裕に送っていた。これに対する返事が、昨日（九月二十八日）李都督からあった。それによると、李徳裕は、それについては、以前に奏上してあり、明後日あたり報牒がとどくはずである。勅許があり次第、天台山へ出発させるようにしたいということであった。大使の常嗣は、円仁の先発が実現可能と予測したのであろう。その前日には、円仁に昆布一〇把と海松《みる》（緑藻植物ミル属の海藻）一裹《ひとつつみ》を贈り、さらに当日には、砂金大一〇両を求法の料として円仁に渡しているのは、そのことを物語っている。しかし、後日この予想が見事にはずれてしまうとは、思いも寄らないことであった。

開成三年（八三八）九月二十九日の日記に円仁は、次のような悍《おぞ》ましい唐の朝廷での事件の噂《うわさ》を書きとめている。

今天子は、ある人の為に計られて、皇太子を殺せり。其の事の由は、皇太子、父王を殺して天子と作《な》らんと擬す。仍《よ》って父王は己の子を殺すと云々。

### 皇太子永の暗殺事件

この噂の真相は、『資治通鑑《しじつがん》』に考異をほどこした胡三省《こさんせい》（一二三〇～一三〇二）が、宮中のことなので秘密に付され、外部の人には、その事件の詳細を知るよしもないと述べているように、よくわからない。

ただし『旧唐書《くとうじょ》』や、それよりもやや記述の豊富な『資治通鑑』の記事から皇太子永《えい》の事件をうかがってみると、次のようになる。

開成三年（八三八）九月七日、唐の皇帝文宗《ぶんそう》（八〇九～八四〇）は、皇太子の気ままな行動や規律を無視する態度が目にあまって、皇太子を廃しようとした。文宗は、宰相以下、主だった官人に皇太子を退かせることについて意見を述べさせた。群臣は、こぞって「皇太子は、まだ年少だから過《あやま》ちを改める可能性は充分にある。皇太子の地位は、きわめて重いものだから、軽々《かるがる》しく行動を起こしてはならない」と進言した。なかでも御史《ぎょし》中丞《ちゅうじょう》（百官の罪をただす官庁御史台の長官御史大夫《たいふ》につぐ官職）の狄兼謨《てきけんぼ》は、廃太子にしてはならぬと、涙を流しながらもっとも強く諫《いさ》めた。また給事中《きゅうじちゅう》（勅命の出納をつかさどる門下省に属し、奏上の事務や侍従を兼ねる官職）の韋温《いおん》は、「陛下は、ただひとりの子供を甘やかしたので、太子は行動をあやまって、ここに至ったのだ。どうして、ひとり太子のあやまちといえるのか」と率直に述べたてた。

給事中の韋温は、その前年の七月、皇太子永《えい》の侍読《じどく》（皇太子に講義する官職）であったとき、いつも早朝に少陽院《しょうよういん》（東宮〈皇太子〉の御所）に出仕したが、皇太子に見《まみ》えるのは、真昼《まひる》になってしまっていた。皇太子の起床が、いたって遅かったからである。

そこで韋温は、周《しゅう》の文王《ぶんおう》（生没年不詳、名は昌《しょう》。仁政をしき徳望高い王として名高い）の故事をあげて、「殿下は、もう子供ではないのだから、早起きして天子、および西宮（妃のことで、これは皇太子の生母である王徳妃を指す）の起居を問いなさいませ」と皇太子を諫めた。しかし皇太子永は、この諫言《かんげん》にしたがわなかったために、韋温は皇太子侍読の職を辞したという。

### 皇太子の母の死

韋温が皇太子永を諫めた翌八月十九日、永の母王氏は、九嬪《きゅうひん》の一つである昭儀《しょうぎ》から夫人《ふじん》（天子の妃《きさき》）である徳妃《とくひ》にのぼり、正一品《せいいっぴん》を授けられた。同時に永の母王氏の対抗者である昭容《しょうよう》（九嬪の一つで、昭儀につぐ嬪）の楊氏は、賢妃《けんひ》（徳妃につぐ夫人）となった。

皇太子の母王氏は夫人になってから、およそ一年ののちの開成三年（八三八）八月十四日、そのころ皇帝文宗の寵愛《ちょうあい》を失っていた。皇太子の母王徳妃《おうとくひ》は、対抗者楊賢妃《ようけんひ》の讒言《ざんげん》によって、この日に死んでしまう。夫人で正一品の王徳妃が「死」と記されているのは、皇帝の妃であり、皇太子の母でもある王徳妃が、その特権的地位を剝奪されたことを暗示している。おそらく無実の罪をきせられて殺されたのであろう。

この暗い事件につづけて『資治通鑑』は、次のように記している。

太子は頗《すこぶ》る遊宴を好み、小人《しょうじん》（人格の低劣な者）に昵近《じっきん》す。賢妃、日夜之《これ》を毀《そし》る。

皇太子永の素行が悪いと、楊賢妃は、たえず非難していた。それは、楊賢妃が皇太子母子を咎《とが》めだてして、まず皇太子の母を死にいたらしめ、ついで皇太子を追い落とし、代わりに自分にとって都合のよい人物を皇太子に据える悪巧《わるだく》みからでたことであった。

こうして九月七日の皇太子廃立の議にいたるのである。

## 皇太子永の急死

その翌九月八日、翰林学士《かんりんがくし》六人、神策《しんさく》六軍軍使一六人が、かさねて皇太子を廃してはならぬと上奏した。皇帝文宗の気持ちは、やや和《なご》んできた。この日の夕刻、皇太子は少陽院《しょうよういん》（東宮の御所）に帰ることができた。おそらく皇太子永は、少陽院から連れだされ幽閉されていたのであろう。そして如京使《じよけいし》（武臣を任ずる宮廷内の官職）の王少華《おうしようか》ら、および宦官《かんがん》・宮人数十人が流刑や死刑に処せられた。このような断罪がなされたのは、皇太子への補導の任がよろしくなく、その責任を問われたからであるという。

十月に入っても皇太子永は、なお過《あやま》ちをあらためなかったという。そして十月十六日、皇太子は、少陽院で急死する。あまりにも突然の死であった。暗殺されてしまったのである。

### 楊賢妃の専横

それから一年をへた開成四年（八三九）十月、楊賢妃が皇弟の安王溶《あんおうよう》を皇太弟に立てることを要請した。安王溶は、皇帝文宗の父で、前々代の皇帝穆宗《ぼくそう》（七九五～八二四）と楊賢妃とのあいだに生まれた王子である。つまり楊賢妃は、実の子を皇太弟に立てることを図ったのであった。皇帝文宗は、立太弟のことを宰相に相談した。宰相の李珏《りかく》は、安王溶を皇太弟とすることに反対した。そこで文宗は安王溶に替えて兄の敬宗《けいそう》（八〇九～八二六）の子陳王成美《ちんおうせいび》を立てて皇太子とした。立太子は十月十八日のことであった。もちろん陳王成美は、楊賢妃の強い後ろだてによって皇太子となったのである。楊賢妃の専横によって皇帝文宗は、楊賢妃の思いのままに動かされていた。

## 太子永の非命の死

その翌日、文宗は会寧殿に出かけて楽《がく》をたのしんでいた。その場に童子《どうじ》の縁橦《えんとう》（軽業《かるわざ》をする者）が列座していた。音楽会には曲芸などの雑技がともなっていたから縁橦も列席していたわけである。そのとき、ひとりの男が飛び込んできて、童子のもとに走りよった。その愛《いとお》しむ姿は、まさに気が触れたかのようであった。軽業を強いられる愛《いと》し子《ご》の姿に父親は耐えられなかったのであろう。

皇帝文宗は、怪しんで飛び込んできた男のことを侍臣に訊ねた。侍臣は、「あの男は童子の父親です」と応《こた》えた。すると文宗は、はらはらと涙をこぼして、「われは貴《たっと》くも天子であるのに、ひとりの子供を全《まっと》うしてやれなかった」と言った。それは皇太子永が非命に斃《たお》れたことを思い起こしたからであった。

そこで文宗は、教坊《きょうぼう》（歌舞を掌る官庁）の劉楚材《りゅうそざい》ら四人と宮人の張十十《ちょうじゅうじゅう》ら一〇人を呼びだし、「皇太子の永に無実の罪をきせたのは、すべてお前たちである。いままた陳王成美を皇太子に立てたが、また同じように罪をきせようとしているのではないか」と責め、刑吏に身柄《みがら》を引き渡した。翌々二十一日に、彼らは、すべて殺された。文宗は、この後、強く心をいためて、従来からの病気が、一段と重くなった。

## 楊賢妃一味の死

文宗の病状は、日増しにすすんだ。年が改まって開成五年(八四〇)正月二日、皇帝は危篤状態となった。この日、神策軍《しんさくぐん》護軍中尉《ごぐんちゅうい》の仇士良《きゅうしりょう》(七八一～八四三)らは、勅命と偽《いつわ》って皇太子の成美を廃し、穆宗《ぼくそう》の第五子潁王瀍《えいおうてん》(武宗、八一四～八四六)を立てて皇太弟とした。

翌々四日、文宗は太和殿において崩御し、その柩《ひつぎ》の前で皇太弟は即位した。まことに慌《あわ》ただしい登極《とうきょく》であった。そして一〇日後の正月十四日、前皇太子陳王成美、楊賢妃、および安王溶は殺された。開成五年は血塗られて新しい年がはじまったのである。

楊賢妃と彼女をめぐる王子たちは、ここに死滅する。文宗の皇太子永の母王徳妃の死にはじまる唐の宮廷内部の熾烈《しれつ》な抗争のようすは、円載らの居住する遠く離れた揚州の地にまでも、誤った風聞としてひろく広がってきていた。しかも、皇太子永が殺される半月も前に、皇太子が殺されたという噂《うわさ》が、遣唐請益僧の円仁の手によって書きとめられていたことは注目される。永の母王徳妃の死、それにつづく永の廃立への動きが、皇太子殺さるの風聞として伝えられていたのであろう。

唐の宮廷で皇太子をめぐる内紛があったのでは、遣唐留学僧円載や請益僧円仁らの天台山行きを認める勅を下すかどうか、落ち落ち検討する余裕などなかったであろう。

## 遣唐大使一行の長安行き

遣唐大使藤原常嗣一行の長安への出発の日が近づきつつあった。

十月三日、夕方になって円載は、円仁と連れだって遣唐大使藤原常嗣と遣唐判官長岑《ながみねの》高名《たかな》（七九四～八五七）らを、大使らの宿舎平橋館《へいきょうかん》に訪ねた。大使らが二日後に長安へ出発するので送別の挨拶に赴いたのである。

そのさい、円載らは、長岑判官に天台山行きの相談をした。長岑判官は、「両僧の請願状を長安へ持参して、皇帝に上奏して、早く許可の文書を手に入れることにしたい」と語った。そこで円載と円仁とは、おのおの天台山国清寺に行くことの許しをえたい旨の請願状をしたためて長岑判官のもとに届けた。揚州都督李徳裕を通してでは、なかなか埒《らち》が明かないので、痺《しび》れを切らした円載らは、直接、唐の朝廷に訴える手段にでたのである。もちろん、これには上京する長岑判官の示唆があった。

十月五日の朝、遣唐大使の一行は、船で長安へ向かって出発した。この日は、終日雨が降っていた。円仁は、翌日の日記に、はじめて寒く感じたと記し、翌々日には、薄氷が張ったとしたためた。唐の冬の寒さを円載も実感したであろう。

この月の十三日、円載の従者である仁好が出家し僧となった。同時に円仁の従者惟暁《ゆいぎょう》が出家した。

**李徳裕の質問に答える**

揚州都督の李徳裕は、しばしば円載らの止宿していた揚州開元寺を訪れた。李都督は、開元寺の瑞像閣《ずいぞうかく》に三尺の白檀《びゃくだん》の釈迦像を造らせていたからである。

十一月八日、昼近くに李都督が開元寺にやって来た。瑞像閣に造らせている釈迦像を検分しに来たのであろう。李都督は、開元寺の本尊仏を拝礼したあと、仏堂前の石だたみの上で円載と円仁を呼びだし、会見して、つつがなく滞在しているかどうかを問うた。この日、李都督は開元寺修理の費用として一〇〇斛《こく》の米を寄進した。

それから一〇日後の十八日、李徳裕は、またも開元寺を訪れ、瑞像閣《ずいぞうかく》に祀られている釈迦の瑞像――この釈迦像は、隋の煬帝《ようだい》の時代に栴檀《せんだん》で作った釈迦像四軀が西天（インド）から閣上に飛来したという伝えがあることにもとづく縁起が良い仏像としての呼称――を拝礼したあと、自分が新しく造らせている白檀の釈迦像を検分した。しばらくして李都督は、円載らを招き、茶を喫してから、円載らを座席に近づけて、いろいろ日本のことを質問した。

李相公は、まず日本に寒い季節があるかどうかという質問を発した。揚州では冬の季節に入り十一月も中旬をすぎると、かなり寒くなってきていたので、日本に寒い季節があるのかという質問から入ったのである。

留学僧の円載は、「夏は暑く、冬は寒いです」と答えた。相公は、「ここと同様であるな」と言った。ついで「僧寺はあるのか、ないのか」と李都督は質《たず》ねた。「沢山《たくさん》あります」と円載は答える。

李相公は、ひきつづいて「寺はどのくらいあるのか」と質問した。この問いに対して、円載は、「三千七百余りの寺があります」と答えた。また「尼寺はあるのか、ないのか」という問いに、円載は「沢山ございます」と答え、さらに「道士はいるのか」という質問に、「道士はおりません」と応じた。そのほか李都督は、日本でも夏安居《げあんご》が行なわれているかという質問もしている。

## 平安京の大きさ

李徳裕は、さらに次のような質問を行なった。「貴国の京城の四方の大きさは、どのくらいなのか」。これに答えて円載は、「東西は十五里、南北も十五里でございます」と言った。

ここで円載は、平安京の大きさを、東西一五里（約八・四㌔）、南北一五里と答えている。この四方の大きさは、唐の都長安の東西一八里強（約一〇㌔）、南北一五里強（約八・五㌔）と、それほど違いのない広大な京城との印象を李都督にあたえてしまう。平安京の実際の大きさは、東西六里強（約四・五㌔）、南北七里強（約五・二㌔）であるから、円載は、およそ二倍の大きさを李都督に語ったことになる。

これよりさき、九月十三日に円載らは、節度使に対する目付役である監軍院の下級役人の薫《くん》廿一郎から揚州などの規模を聞いている。そのなかで揚州府城の大きさについて、東西は七里（約四㌔）、南北は一一里（約六㌔）であると薫廿一郎は語っている。円載は、揚州府城のこの大きさを念頭に入れて、わが平安京の大きさを誇大に伝えたのであろうか。当然、円載の頭のなかには唐の都長安の大きさについての知識があって、これに匹敵する平安京の地理像を描いて説き、唐の高官から見くびられないように努めたための誇張であったように思われる。

**開成四年を迎える**

円載たちの天台山行きが、いつ認められるのか、一向《いっこう》にわからないまま、円載らは、唐でのはじめての新しい年を迎えた。

新年を迎えて円仁は、こころを新たにして元日の日記に、次のようにしたためた。

開成四年〈己未〉は、本国の承和六年〈己未〉に当《あ》たる。正月一日〈甲寅〉は、是《こ》れ年日（元日）なり。官俗は三日の休假、当寺（開元寺）は三日の斎あり。早朝、相公（李徳裕）は寺に入り仏を礼して、則《すなわ》ち帰り去る。

これよりさき、円載は去る十一月十九日、五日後の天台大師智顗《ちぎ》（五三八〜五九七）の忌日《きにち》の供養の食事費用にあてるため絹二匹を送っている。このとき円仁は綾三疋と絹二疋を寺の事務所に差しだしている。これらの絹などは、日本から円載らが携帯してきたものであった。開元寺では、これを売って六貫（六〇〇〇文）余りの銭に換えたという。円載らの、こうした布施は、天台山行きが円滑《えんかつ》に、はかどるよう天台大師智顗の霊に対する祈りの意味も籠められていたであろう。

円載たちの強い願いと祈りとにもかかわらず、天台山行きは、皆目《かいもく》、見当がつかなかった。しかも、正月三日には、日本国使のために楚州に命じて、船を雇い、三月には帰国させよとの勅符が揚州都督府に届いたとの不確かな情報が、円載らの耳に入った。下手《へた》をすると、円載たちも、遣唐使の帰国船に乗せられて、日本に帰らなければならないということになりかねない。

それから半月ほど経って請益僧の円仁は、天台山への出発が遅れているのを慰めるために開元寺にやってきた李都督の幕僚沈弁《しんべん》に、特別に李都督の許可証を受けて、台州へ行くことができるかどうかを訊ねた。この問答は筆談であった。沈弁は、筆を執って、そのようなことを、これまで幾たびか李都督に諮《はか》ってみたが、揚州発行の旅行許可証は、天台山への道筋である浙西観察使の管轄下の浙江西道、浙東観察使の管轄区域である浙江東道では通用しないし、また天子の勅許を受けなければ駄目であると、李都督は繰り返すばかりであると答えた。

円仁が沈弁に天台山行きの許可証を李都督から得ようとしたのは、もちろん遣唐使一行の乗る船の配船準備が着々と進んでいる情報に接したからである。なんとか打開しなければ、身命を賭して、はるばる唐に求法にきたことが水泡に帰してしまう。

### 長安からの情報

開成四年（八三九）正月二十一日、遣唐大使藤原常嗣らの昨年十二月六日付の書状が届いた。十二月三日、無事長安に着き、国賓《こくひん》をもって遇せられ、東街の礼賓院《れいひんいん》に入ったことなどが記されていた。また遣唐判官長岑高名の傔従《けんじゅう》（従者）白鳥村主清岑《しらとりのすぐりきよみね》の十二月六日付の手紙には、十二月三日、午前八時ごろ長安城の東三キロの地点にある長楽駅に到着、勅使の出迎えを受け、皇帝の慰労の言葉を聞いてから大使は礼賓院に行き、朝拝しおわったと記されてあった。

『旧唐書《くとうじょ》』の開成三年十二月丙午条に、「日本国、珍珠・絹を貢す」とある。この月の「丙午」は、二十二日である。遣唐大使らは、十二月二十二日に、唐の宮廷に参上し、貢物を献じたのである。しかし、皇帝文宗への拝謁は、年を越してからであったであろう。皇太子が殺され、唐の宮廷の混乱は、なおづづ《(ママ)》いていたからである。『唐会要』巻第九十九、倭国条には、「開成四年正月、遣使薛原朝常嗣等、来りて朝貢す」とある。

**天台山の僧敬文の来訪**

閏正月十九日、天台山禅林寺の僧敬文《けいもん》が、円載らのもとに訪ねてきた。敬文との筆談によって、円載らは、彼が三〇年前、まだ少年のころ天台山に来た最澄を見たことがあるということを知った。そして敬文は、最澄のことや聖徳太子が天台の祖師南岳慧思《えし》（五一五〜五七七）の生まれ変わりであるという話などを話題にした。

また事情をよく知らない敬文は、最澄師の門弟なのであるから、なぜ勅許がでる前に天台山に行って、そこで勅許を待たないのか、むなしく揚州に留《とど》まっていては、勅許が下りたときには、大使一行と帰国することになってしまうではないか、どうしてここに落ち着いているのかなどと訊ねた。

そこで請益僧の円仁は、敬文の疑問に答えて、李徳裕の許可がおりないことを語ったであろう。円仁は話を天台山国清寺などについての質問に移した。敬文の答えによると、国清寺には常時《じょうじ》、一五〇人の僧が居住していること、夏安居《げあんご》のさいには、とくに三〇〇人以上の僧が集まること、また禅林寺には、いつも四〇人の僧が住み、夏安居のときには七〇人余りになること、そして国清寺には維蠲《ゆいけん》座主がおり、いつも智顗《ちぎ》の『摩訶止観《まかしかん》』を講じているとのことであった。さらに禅林寺には維蠲の師である広修《こうしゅ》座主（七七〇〜八四三）がおり、長いあいだ『法華経』『摩訶止観』『法華玄義』を講義していることなどの話があった。留学僧円載は、やがて天台山で維蠲、広修に接して、比叡山から円仁が携えてきた天台宗未決の質問の解答をえて、両者とは深い関係をもつにいたる。

当時、敬文は、揚州の恵照寺《えしょうじ》の禅林院に寄宿していて、以後しばしば開元寺にいる円仁、円載らに逢いに来ていた。

**ふたたび長安からの情報**

二月八日、遣唐判官長岑高名の長安からの情報が届いた。その情報は、遣唐大使が皇帝文宗に拝謁した日、かさねてとくに円仁らの天台山行きを、直接上奏したが、勅許は依然としておりないので、こころを痛めているというものであった。

あるいは、この時の情報には、円載、円仁らは、長安に行けずに揚州に留まっていた残留遣唐使の一団とともに楚州（淮安）に集結するよう指令がふくまれていたかもしれない。

というのは、二月十七日になって突然、円仁は、十八日に楚州へ出発するため官私の荷物をすべて船に運びこんだと日記に記し、そして十八日の日記に、昼食後、円載とともに開元寺を発ち、官設の宿泊所である平橋館《へいきょうかん》に行き、そこに泊まって船を待ったとあるからである。

楚州は揚州から北へ、およそ一五〇㌔の距離に位置する。天台山は揚州から南東へ、およそ四〇〇㌔の地点にあるから、円載たちにとっては、ますます目指す天台山から遠く離れることになってしまう。いったい留学先の天台山へ、ほんとうに行けるのかどうか不安は募るばかりであったろう。

二月十九日、円載らは、夕方になって船に乗り込んだ。一〇隻の船をつらねて楚州へ向かうのである。しかし、船はまだ揚州を離れない。出発の手続きが、まだ完了していなかったためである。

翌二十日、悪い情報が請益僧円仁らのところにもたらされた。長安へ行っていた遣唐使のうち朝貢物管理官である監国信《かんこくしん》の春道永蔵《はるみちのながくら》や遣唐判官長岑高名の従者白鳥清岑《しらとりのきよみね》らが船で揚州に到着した。彼らの話によれば、遣唐大使藤原常嗣の一行は、去る十二日に楚州に着いて滞在中であること、長安では物品の売買ができなかったので、いろいろな物品を購入するため揚州に派遣されて来たとのことであった。

さらに、いまは快復しつつあるけれども遣唐大使以下、すべての者が病いに倒れたこと、第二船の遣唐判官藤原豊並《ふじわらのとよなみ》が道中で死去したこと、長安入京を許された真言請益僧円行《えんぎょう》や入京を許されなかった法相請益僧戒明の動静のことなどを円載らは耳にした。

さらに悪いことには、春道永蔵が遣唐大使の言としてもたらした情報は、請益僧円仁にとって、まことに痛いものであった。

請益僧（円仁）の発ちて台州に赴くの事は、大使が京に到りて、三、四度、奏請せしも、遂に許されず。

円仁が天台山へ行って求法する望みは、絶望的なものとなった。

**遣唐大使らに会う**

二月二十一日、揚州を出航してから三日目、二月二十四日の夕方に楚州に到着。円載と円仁は、遣唐大使藤原常嗣、同判官長岑高名らに会った。

遣唐大使は、京に到着してからのことを円載、円仁らに語った。それによれば、大使は

請益僧の天台山行きの許可を受けるよう再三、上奏したが、勅許がでなかったというのである。そして皇帝の勅答には、

使者等、帰国の日近く、揚州自《よ》り台州に至るは、路程遥遠《ろていようえん》なれば、僧（円仁）が彼《かしこ》（台州）に到りて、帰るの期を求めんに、計るらくば、使等の解纜《かいらん》するの日に逢うを得じ。何をか以て、本国に還帰するを得可《うべ》けんや。仍りて台州に向かうことを許さず。但《ただ》し其の留学僧（円載）一人は、台州に向かうを許し、五年の内《うち》、宜《よろ》しく終《お》わるまで食糧を給うべし。

とあったという。大使は、皇帝に拝謁した日に、円仁の天台山行きにつき上奏したが、勅許がでず、その後、重ねて上奏したけれども、ついに勅許がえられなかったのは、まことに残念であると話した。

請益僧円仁は、公式に天台山での求法は却下されてしまった。いっぽう留学僧円載の天台山行きは認められ、五年のあいだ食糧が支給されることになったのである。

# 天台山への求法の旅

唐に、はるばる渡来してから八ヵ月近く待たされ、そのうえ帰国する遣唐使一行が集結する楚州まで北上し、天台山の地から、ますます離れるばかりとなった円載にとって、胸ふくらませて渡海してきた求法の夢は、弊《つい》えさるかに思われていた。

## 円載の喜び

ところが思いがけなくも、円載だけは天台山への留学が許され、しかも五年間、食糧が支給されるという朗報が飛び込んできたのである。

なんら留学僧としての成果をあげることのできないまま、帰国しなければならないと暗《あん》澹《たん》たる気持ちでいた矢先のことである。円載の喜びは大きかったに相違ない。

二月二十六日、円載の天台山行きは、いよいよ確実なものとなった。楚州の州庁と遣唐使担当官である王友真、ならびに遣唐使に宛てて出された揚州府庁からの文書が届いたからである。その文書には、次のように記されてあった。

留学円載、沙弥仁好、傔従始満は、朝貢使奏して台州に往き、学問せんことを請えり。勅を奉ずるに、宜しく請う所に依るべしと。件の円載等、牒《ちょう》（文書）を請《う》け、楚州に往《ゆ》きて、朝貢使（遣唐使）に別れ、却廻して（引き返して）揚州に到り、便《すなわ》ち台州に往《ゆ》け。相公（李徳裕）の判（決裁）を奉ずるに、状に准ぜよと者《て》えり。今、朝貢使に別れ訖《おわ》らば、台州に遣わさんと擬《ぎ》す。同十将（節度使配下の下級将校の職官名）王友真は、勾当（担当）して僧等を押領《おうりょう》（統率）し、一小船を雇いて、早く送り来たれ。州司（楚州庁）は発するを待ちて粮を給せよ。相公の判を奉ずるに、状に准ぜよと者《てえ》れり。州（楚州府）、宜しく状に准ずべし。

この揚州府庁からの「牒《ちょう》（文書）」は、円仁がその日記に書きとめておいたものであるから、原文書そのままとは言えないかもしれない。しかし、ほぼ原文どおりに写し取っているとしてよいであろう。

文中に「相公の判を奉ずるに」の文言が二回もちいられている。「相公」とは、揚州都督府の都督である李徳裕のことである。公文書に「相公」という敬称が使用されるのは疑わしいと思われるかもしれない。しかし、先師最澄が受けた唐の貞元二十年（八〇四）九月十二日付の「明州牒」に、「使君判ずるに、司に付すに」とあって、ここに記されている「使君」は、明州刺史の鄭審則《ていしんそく》に対する敬称である。したがって、揚州府庁からの原文書に、「相公」という敬称が記されていても不自然ではない。

それはともかくとして、遣唐使担当官の王友真は、この日に早速、円載に出発の準備をするよう急《せ》き立てたのである。

## 天台山行きの準備

翌二月二十七日、円載は、揚州へ向かうため、携帯する物品の荷造りをするなど出発の準備をすませた。

この日、遣唐大使藤原常嗣は、円載に東 絁《あずまのあしぎぬ》（東国産の絹）三五疋、帖綿《じょうめん》（畳んだ真綿）一〇畳、長綿（長い真綿）六五屯、砂金二五大両（一大両は三小両）を学問の料として賜わった。

円仁は、その日記に、かさねて大使が留学僧円載を呼んで砂金を賜わったことを記している。これは重 複《ちょうふく》記事とされるのが普通である。しかし、砂金だけは、遣唐大使が円載を招いて直《じか》に手渡したことを語っているのではなかろうか。そして、大使は天台山へ行く円載に、「涙を流し、別《わか》れを慰《なぐさ》」めたのであった。

いっぽう、天台山行きを認められなかった円仁は、比叡山延暦寺を出立《しゅったつ》するとき、預《あず》かってきた円澄《えんちょう》の天台山に寄せた書状一函、ならびに納袈裟《のうげさ》（七条以上の袈裟で諸種の色・形の布片を縫い込んだ重厚な衣）、および「寺家の未決」と「修禅院の未決」などを円載に託した。

またこの日、円載らを揚州へ送り届ける役となった遣唐使担当官の王友真に、遣唐使一行は酒を振る舞い、その労苦をねぎらった。彼らはたがいに飲みかつ別れを惜しんだ。

## 天台山へ向かう

二月二十八日の昼食後、留学僧円載は、傔従の仁好と始満とをともなって揚州へ向かって船で出発した。担当官の王友真が同行していた。見送った請益僧の円仁は、「別れを惜しみて惆悵《ちゅうちょう》（いたみ悲しむ）たり」と、その日の日記にしたためた。この二人は、二度と顔をあわせることがなかった。文字どおり最後の別れとなったのである。

三月三日、揚州から天台山禅林寺の僧敬文《けいもん》が楚州にいる円仁のもとを訪れてきた。円仁が遣唐使とともに日本に帰ることを知っていた敬文は、延暦寺の無行《むぎょう》（无行とも。最澄の高弟、のちに十禅師伝燈大法師位となる。生没年不詳）に宛てた書状一通、および円澄に寄せる書状一通をもたらした。そして揚州へ向かった円載には途中で会わなかったと円仁に語った。

翌日、敬文は昼食後に揚州に出発した。別れぎわに敬文は、円仁に向かって揚州に到着したら円載とともに天台山に向けて出発すると言い、また先日託された無行からの進物を天台座主の広修に渡すと、あらためて語った。

その後の円載と円仁の動向を円仁の日記について見てみると、四月一日、円仁は、天台山へ出発する前の円載が、楚州で円仁に言付《ことづ》けた比叡山への書信四通と黒角《くろづの》の如意《によい》（法会・講経の時に講師が手に持つ法具）一柄とを紀伝留学生《きでんるがくしょう》の長岑宿禰《ながみねのすくね》（旧氏姓は民首《たみのおびと》、名は氏主《うじぬし》。遣唐判官長岑宿禰高名とは別人）に託している。円仁のこの行為は、すでに帰国のために乗船していた円仁が、「抜け参り」を覚悟して唐に残留する決意からでたことであった。

# 天台山にて

## 天台山での研学

### 円載の消息

円載が楚州で請益僧《しょうやくそう》円仁や遣唐使一行と別れ、どのような日程で揚州を経て天台山に登ったのか不明である。

開成四年(八三九)、円載の天台山における消息を伝えるものとして、まずあげられるのは、天台山国清寺の座主維蠲《ゆいけん》の書状である。この書状は、開成五年(八四〇)六月一日に台州刺史の滕邁《とうまい》に宛てたものである。その文に、

去年、僧円載、本国の命を奉って、太后の納袈裟《のうげさ》を送り、大師の影に供養し、聖徳太子の法華経の疏、天台の蔵に鎮《やす》んじ、衆の疑義五十科を齎《もた》らして来り問い、欠くる所の経論を抄写せり。

とある。ここには円仁が楚州で別れに臨んで円載に託した納袈裟と「寺家の未決」および「修禅院の未決」のことが記されている。円載は円仁から託された物品、および比叡山の円澄や義真らの質問書を、間違いなく天台山に届けたのである。

円仁が円載に託した納袈裟について、維蠲の書状には、「太后の納袈裟」と記されており、虎関師錬《こかんしれん》（一二七八〜一三四六）の『元亨釈書《げんこうしやくしよ》』には、この「太后」のことを指して「淳和《じゆんな》大后」としているので、「太后の納袈裟」とは、淳和天皇の皇后であった正子内親王（八一〇〜八七九）が、天台大師智顗の肖像供養のために送った納袈裟であるとされている。

なお維蠲の書状に記されている「聖徳太子の法華経の疏」に関しては、円仁が円載に託したもののなかにはみえない。あるいは「聖徳太子の法華経の疏」、すなわち『法華経義疏』は、あとでも述べるように、淳和上皇が円載に託して、円載の留学先である天台山の経蔵に納めるために持参させたものであったのかもしれない。

## 円載の経典書写

維蠲の書状に、「欠くる所の経論を抄写せり」とあることによって、円載は天台山国清寺において、比叡山延暦寺には、まだ所蔵されていない経論の抄写につとめたことがわかる。これを明確に示しているのが、今日、東大寺に

写本として伝えられている湛然《たんねん》（七一一～七八二）が撰述した『五百問論』の奥書である。それには、

開成四年六月、大唐台州の国清寺日本新堂に於て、此の本を書写す。会昌三年三月三日、僧仁好《にんこう》等《ら》に付して、日本国延暦寺の徒衆《としゅ》、大徳《だいとく》、三綱《さんごう》、宿徳《しゅくとく》に送り上《たてまつ》る。円載記し上る。

大唐の開成四年、台州の天台国清寺日本新院に於て、此の本を書写す。於《ここ》に本《もともと》、天台を学べる人、大師《だいし》（天台大師智顗《ちぎ》）の教迹《きょうしゃく》の勝過《しょうか》（すぐれていること）を知り、別宗の学者に之《これ》を知らしめよ。

とある。この円載の識語によれば、円載が二月二十八日に楚州を出立してから三ヵ月余りたった六月には、天台山国清寺の「日本新堂（日本新院）」に円載は落ち着き『五百問論』の書写につとめていたことが知られる。

円載が書写したのは、『五百問論』ばかりでなく、数多くの経論疏の抄写、書写に精をだしたとみなしてよい。

比叡山の東塔西谷に坊舎を構えていた円珍の蔵書目録である『山王院蔵』（『山王院蔵書目録』）の目録類を著録してある箇所に、「天台経籍目《てんだいきょうしゃくもく》　一巻載」とあるのに注目したい。

ここに記されている「載」は、円載の法名を略記したものであることは確実である。したがって円載は『天台経籍目』一巻を撰述していたことが知られるのである。

この天台経籍の目録は、現存していない。円載は、天台山国清寺において、所蔵されている天台関係の経籍を調査して、それを目録として整理したものであろう。あるいは、「台州刺史書」のあとに添えられている「日本国に付す経論目録」のことかもしれない。

**五台山で聞く円載の消息**

天台山行きを認められなかった請益僧の円仁は、帰国する遣唐使一行の船から降りて、「抜け参り」を決行した。以後、苦しい旅に日々を送り、開成五年（八四〇）四月二十三日、五台山に近い国信山の地にある五台山巡礼のための宿泊施設である劉使普通院に辿《たど》り着いた。

そのとき、五台山金閣寺の僧義深《ぎしん》らが深州《しんしゅう》で油を購入し、五台山に帰るところに出遇った。また天台山国清寺からやって来て五台山に向かう僧巨堅《きよけん》ら四人と顔をあわせた。その語るところによれば、「天台国清寺には、日本国僧一人、弟子の沙弥《しやみ》一人、行者《あんじや》一人あり。今、見《げん》に彼の中に在りて住せり」ということであった。

ここに記されている「日本国僧一人」は、もちろん円載、「弟子の沙弥一人」は、仁好、「行者一人」は、始満である。円仁は、その日記に円載らが天台山国清寺にいると耳にしたことだけを記しているにすぎない。だが、円仁は国清寺の僧巨堅らに、円載らが元気ですごしているか、その安否を訊ねたことは言うまでもなかろう。

円仁が停点普通院に入って文殊師利菩薩像を礼拝し、「廿三日申時《さるのとき》（午後四時）、初めて山に入ってより、今日に至るまで、毎日、山谷《さんこく》に入って行く、都《す》べて六日を経たり。未だ山源《さんげん》（山の奥深い所）を尽くさざれども、五台に到るを得たり」と、五台山に到達した感激を、このように日記にしたためた。四月二十九日、円仁は、先日劉使普通院で出遇った天台山国清寺の僧巨堅に再会した。

巨堅は、すでに五台山の巡礼を終えて天台山国清寺に帰るところだった。円仁は、国清寺で求法に励む円載へ送る書状二通を巨堅に託した。おそらく円仁の書状には、国清寺の巨堅らに会って円載の動静を聞いたこと、自分は、はるばる五台山に辿り着いたこと、停点普通院には、文殊師利菩薩像のみが安置されていて、賓頭盧《びんずる》（十六羅漢の一人）が安置されていないこと、西亭の壁上に、「日本国内供奉翻経《ないぐぶほんきょう》大徳霊仙《りょうせん》が元和十五年（八二〇）九月十五日、此の蘭若《らんにゃ》（寺院）に到る云々」という題詞があるのを目にしたことなどが、したためられていたかもしれない。円仁にとっては、円載と楚州で別れてから一年と二ヵ月ぶりに円載に差し出す音信であった。

**禅林寺座主広修の回答**

国清寺の座主維蠲の書状には、円載が「欠くる所の経論を抄写」したと記したのにつづいて、

禅林寺の僧、広脩（広修）の答うる一本、已に前使李端公の判印を蒙むること竟《おわ》んぬ。

とある。

広修が回答した「一本」とは、円載が天台山に携えていった「寺家の未決」への回答である。また「已に前使李端公の判印を蒙むること竟んぬ」とは、台州の前刺史の判印が、すでに広修の決答にあたえられたことを述べている。

前使の李端公（端公とは、侍御史の別称）は、開成二年（八三七）に台州刺史となり、開成四年（八三九）に滕邁《とうまい》と交替した李文挙《りぶんきょ》のことである。したがって円載が広修から「寺家の未決」に対する回答をえたのは、円載が天台山に登山してから間もないときであったことになる。というのは開成四年（八三九）に新しく台州刺史となった滕邁が赴任してくる以前、同年になお李文挙が在任していた時期であったからである。

開成五年（八四〇）五月十七日、円仁は五台山大華厳寺《だいけごんじ》に志遠《しおん》和上を訪れ、「延暦寺の未決三十条」を呈上し、決釈を請うた。「延暦寺の未決三十条」とは、前年の二月二十七日、楚州において天台山での求法が決った円載に託した「寺家の未決」と同じものである。おそらく円仁は、「寺家の未決」を円載に託する前に、その写しを取っておいたのであろう。

### 広修の決答をみた円仁

円仁は、志遠和上の回答がえられるものとばかり思っていた。だが、予想に反して志遠は、「見《み》るならく（聞くところによれば）、天台山已《すで》に此の疑を決せりと。合《まさ》に更《あらた》めて決すべからず」と言って、決答に応じてくれなかった。すでに天台山で決答がでているので、あらためて疑問に答える必要はないというわけであった。

その日、円仁は大華厳寺境内の善住閣院に行っているのは、志遠から天台山より「延暦寺の未決三十条」に対する決釈の写しが、同院にとどいていることを聞いたことも関係があると思われる。翌五月十八日、円仁は、善住閣院の院主に招かれ、そこで天台山から送られてきていた「延暦寺の未決三十条」への回答関係文書の写しを見たのである。円仁は、日記にそのようすを次のように記している。

先に楚州に於て、留学僧円載上人に付して天台山に送れる延暦寺の未決卅条は、国清寺の修（広修）座主が、已《すで》に之を通決せり。便ち台州の印信《いんじん》を請い、刺史が押印《おういん》し了《おわ》れり。修禅寺の敬文座主は具《つぶさ》に写して台山に送り、天台の諸徳に弘む。兼ねて日本国无行《むぎょう》和上が天台に送るの書、及び天台の修（広修）座主が通決已《すで》に畢《おわ》り、州の印信を請うの書、台州刺史批判して（可否を判断して）、印信を与《あた》うるの詞、具《つぶさ》に写し付し来る。

円仁が善住閣院の院主のもとで見たものは、㈠禅林寺（円仁が国清寺と記しているのは誤記、禅林寺は修禅寺ともいう）の広修の通決、㈡広修の台州刺史へ印信を請う書状、㈢台州刺史が印信をあたえるのに添えた詞書、そして㈣延暦寺の无行《むぎょう》（無行）が天台山へ送った書状などの写しであった。円仁が記しているところによれば、これらの写しは、修禅寺（禅林寺）の敬文が、五台山の天台宗の諸大徳に見せるためであった。

しかし、それだけが目的ではなく、円仁が五台山巡礼に向かっているという情報を、いち早くつかんだ敬文が、円載のもたらした「寺家の未決」に対する広修の決答を円仁にもみせたいという心くばりがあったためであると思われる。広修の決答などの写しを五台山へ送った天台山禅林寺の僧敬文は、すでに記したとおり、その昔、円仁、円載らの師最澄を天台山で見かけたことのある人物であった。また揚州や楚州で円仁と親交を深め、また揚州から円載とともに天台山に行くと語った僧侶である。広修の「延暦寺の未決三十条」への回答などの写しが、はるばる天台山から五台山まで敬文の手によって送られてきたのは、日本天台宗の祖師最澄を媒介《ばいかい》として生じた唐僧敬文と日本僧円仁、円載の親密な交友による敬文の篤《あつ》い思いが、そのようにさせたのであろう。思いがけず五台山で広修の決答に接することになった円仁は驚愕《きょうがく》したに違いない。

**国清寺座主維蠲の回答**

維蠲《ゆいけん》が、「維蠲の答うる一本、并せて経論の疏義《そぎ》三十本を付す。伏して乞うらくは、郎中、賜うに判印を以てせられんことを」と述べて、台州刺史の滕邁《とうまい》に維蠲の回答と経論の疏義三十本を日本へ送るにあたっての認可を求めた書状をしたためたのは、開成五年（八四〇）六月（あるいは八月の誤写か）一日のことであった。

この書状で「禅林寺の僧、広脩（広修）の答うる一本、已に前使李端公の判印を蒙むること竟《おわ》んぬ」と記している広修の回答と前任の台州刺史李端公（李文挙）の印信の写しを、円仁が五台山の善住閣院の院主のところで見たのは、維蠲が台州刺史の滕邁への書状で広修の回答のことにふれた時点よりも半月、もしくは二ヵ月余り前であったことになる。

広修の回答とは違って、維蠲の決答が開成四年（八三九）ではなく、翌五年になされ、前年に新しく台州刺史となった滕邁に判印を請うているのは、おそらく維蠲が天台山国清寺を離れていたか、あるいは寺務に忙殺されていて、すぐに円載がもたらした「寺家の未決」などに回答をあたえることができなかったからであろう。

**台州刺史滕邁の返書**

開成五年（八四〇）八月十三日、台州刺史の滕邁は、維蠲の書状に返事をしたためた。滕邁の返書は、「開士《かいじ》（法を明確に説き示して人びとを導く人で、菩薩のこと）維蠲、弘《ひろ》く天台智顗《ちぎ》大師の教えを伝う。教跡《きょうしゃく》、微妙《びみょう》（言いあらわしがたい味わいのあること）の門を貫き、最上乗《さいじょうじょう》（この上ないすぐれた教え）の旨を了す」と書きだされ、文中に円載のことにふれて、次のように記す。

円載の来叩《らいこう》（来訪の意）に豁《ひら》き、彼の土《くに》の遥仰《ようぎょう》に答う。両地の空斎《くうさい》、一朝にして玲瓏《れいろう》たり。仁智《じんち》の相逢う、一に何ぞ盛んなるや。煙波万里《えんぱばんり》、玄珠《げんしゅ》を掬《きく》して還《かえ》り、雲山《うんざん》巋然《きぜん》として、風期の念を揺《うご》かす。又《また》二十載、何ぞ其れ夐《はるか》なるや。

この文の大意は、次のようである。「円載の来訪に門を開《ひら》いて、〔維蠲が〕日本からの遙か遠い彼方からの頼みに答えた。唐と日本での悟りを得る斎会《さいえ》には、たちまち珠玉のような光が輝く。情《なさ》け深い知恵が、たがいに出逢って、まことに盛んとなる。〔円載は〕靄《もや》が立ちこめる広い海の遠い道程《みちのり》を、奥深い道理を汲み取って還り、雲がかかった山が、高く聳《そび》え立っているのを見て、友情の思いが強く揺さぶられることであろう。また二十年、どうして其れが遠いさきのことなのであろうか」。

ここには円載が「寺家の未決」などの質問状を携えて、天台山国清寺の僧維蠲を訪れ、これに維蠲が快《こころよ》く回答をあたえた光景が、美しく巧みな文章でつづられている。唐と日本の僧侶のあいだに交わされた友誼の情景が、台州刺史滕邁の筆から見事に伝わってくる。ちなみに、滕邁が記している「又二十載、何ぞ其れ敻《はるか》なるや（また二十年、どうして其れが遠いさきのことなのであろうか）」は、維蠲が滕邁に送った書状に、「二十年一来の朝貢を約す」とあるのをふまえたものであろう。これらの文言は、九世紀前半において日本と唐とのあいだに「二十年一貢の約」のあったことを反映していると考えられている。

滕邁は、「又二十載、何ぞ其れ敻《はるか》なるや」と記して、維蠲と円載とのあいだに生じた惜別の情を、このような文章にあらわして代弁したのである。

## 台州刺史の公憑

台州刺史の滕邁が発行した公憑《こうひょう》が存在している。それには、円載闍梨は、是れ東国の至人《しにん》（十分に仏道を修めた人物のこと）、西竺の妙理《みょうり》に洞《ふか》し（通暁していること）。山に梯《はしご》し海を航《わた》り、月を以て時に繋《か》け、百余万の道途《どうと》の勤《くるし》みを渉《わた》り、三大千世界《さんだいせんせかい》の遠きを歴《へ》たり。経文を貝葉《ばいよう》より翻《ひるがえ》し、郷路《きょうろ》、扶桑に出《さ》らんとす。後学の昏迷《こんめい》を破り、空門《くうもん》（仏門）の標表と為《な》らん。遍《あまね》く白足《ひやくそく》（僧侶）を礼し、赤城《せきじょう》に淹留《えんりゅう》（久しく留まること）せり。遊巡既《ゆうじゅんすで》に周《あまね》く、巾錫《きんしやく》（頭巾と錫杖）将《まさ》に返《かえ》らんとし、懇《ねんごろ》に印信《いんじん》を求め、以て公憑《こうひょう》と為さんとす。行業《こうぎょう》は衆の知るところ、須《すべか》らく其の請を允《ゆる》すべし。邁白《まいもう》す。

とある。

この文は、円載を賛美した言葉に満ちている。大意を示してみると、このようになる。

「円載は、日本（東国）の至人《しにん》（十分に仏道を修めた人）であって、天竺インド（西竺）の妙理（深遠な真理）にきわめて詳しい知識を持っている。遠方から山を越え海を渡り（山に梯し海を航り）、月が変わり時節が変わるほどの長い月日《つきひ》を懸《か》けて（月を以て時に繋け）、非常に長い道中の苦しみを経て（百余万の道途の勤《くるし》みを渉り）、全宇宙の遠い道程《みちのり》を通ってきたのである（三大千世界の遠きを歴《へ》たり）。経文を経典から写し取って（経文を貝葉より翻し）、帰国の途につき日本に去っていこうとしている（郷路、扶桑に出《さ》らんとす）。後輩《こうはい》の道理に暗く心の迷いを打ち破り、仏門の師表となるであろう。円載は、あまねく僧侶を訪れ、天台に久しく留まっていた。各地を巡礼したところは、すでにすべてにわたっており、各地を回るのにもちいた頭巾《ずきん》と錫杖《しやくじよう》とを携えて、いままさに帰ろうとしており、ねんごろに印信を求め、証明書にしようとしている。円載の行《おこ》ないと業績とは、人びとのよく知るところである。当然のこととして円載の要請を許さなければならない」。

台州刺史滕邁のこの文章は、「東国」と「西竺」、「百余万の道途」と「三大千世界」、「白足」と「赤城」など、縦横に対句をもちい、「至人」「妙理」「三大千世界」「空門」「白足」などの仏教用語を駆使し、留学僧円載にとって、まことにふさわしい文面となっている。また「山に梯し海を航《わた》り」は、梁の簡文帝《かんぶんてい》（在位五四九〜五五一）の『大法頌《だいほうしょう》』の序に、「海を航《わた》り山に梯し、白環《はくかん》の使を奉《うけたまわ》る」とあり、また隋の李徳林の『天命論』に、「山に梯し海を越《わた》り、琛《ちん》を貢し贄《し》を奉《たてまつ》る」とある文などを典拠とする。また「月を以て時に繋《か》け」は、晋の杜預《とよ》（二二二〜二八四）の『春秋経伝集解』の序に、「事を記すは、事を以て日に繋け、日を以て月に繋け、月を以て時《じ》に繋け、時を以て年に繋く」とあるのを出典としている。

滕邁は、元和年間（八〇六〜八二〇）に科挙《かきょ》に及第し、尚書、刑部郎中、台州刺史、睦《ぼく》州《しゅう》刺史、吉州刺史を歴任、『全唐詩』巻四九一に「春色、皇州に満つ」など二首を載せ、また『全唐文』巻七二三には、「二黄人、日を守るの賦《ふ》」など五編が採録されている。これから知られるように滕邁は、文人《ぶんじん》でもあって、円載にあたえた公憑が、なかなかの美辞《びじ》で連ねられているのも至極当然なのである。

## 円載の人となり

台州刺史の滕邁が、円載のことを評して、「東国の至人《しにん》」といい、「西竺の妙理に洞《ふか》し」と述べているのは、多分に外交辞令の気味があるにしても、円載には、そのように評言させるだけの風格と実力の持ち主であったことも、また事実であった。円載の人となりをうかがうのに、滕邁の評言は貴重である。

それはそれとして、滕邁の公験を見ると、「郷路、扶桑に出《さ》らんとす」とか、「遊巡既に周く、巾錫将に返らんとし」といった文言から円載が、もはや天台山での留学を終えて日本に帰る目的をもって、「懇に印信を求め、以て公憑と為さん」としていた姿勢が読みとれるのである。

さきにみたとおり、留学僧円載は、勅許によって五年のあいだ食糧の支給が認められるという好条件で天台山に登ったのである。

空海は、「福州の観察使に請《こ》うて入京《じっけい》する啓《けい》」（『性霊集』巻第五）において、自分が「留学の末に箮《つら》な」り、その留学期間を「限るに廿年を以てし」と記していた。それにもかかわらず帰国のさいに提出した『僧空海 請来《しょうらい》目録』の「新請来経等の目録を上《たてまつ》る表」において、「空海、闕期《けつき》の罪、死して余り有れども」と述べ、二〇年の留学期間を満たさず、わずか二年余りで帰国した罪は、死しても余りあると言っているように、空海は留学を二年余りで打ち切って、はやばやと唐から帰ってきてしまった。

円載は、空海のこの行為を熟知していたに違いない。天台山で広修、ならびに維蠲の決答をえたこと、また必要と思われた経疏の書写を手早くすませたことによって円載は、空海の顰《ひそ》みに倣《なら》って帰国の動きにでたのかもしれない。あるいは、むしろ天台山を去って、長安への求法の旅を企てていたかとも考えられる。

## 天台山の高僧の決答への評価

円載が天台山の高僧に回答を求めた「寺家の未決」に対する広修、維蠲の決答は、日本天台宗の最澄の弟子たちにとっては服することのできないものであったといわれている。それもそのはず日本の天台宗は、唐の天台山のものとは異なって、最澄が密教をも天台の教えのなかに包摂《ほうせつ》して新しい仏教体系を樹立発展させることを目指していたからである。その樹立発展につとめる過程で最澄の弟子たちが直面していたさまざまの疑問、たとえば日本天台宗において密教の行業である遮那業《しやなごう》での根本経典である『大毘盧遮那経《だいびるしやなきよう》』（『大日経《だいにちきよう》』）を中心とする質問、すなわち一切の経典は、五時四教《ごじしきよう》（釈尊一代の教説を五つの時と四つの種類に分けたものをいう）のなかに収《おさ》まるのであるが、『大毘盧遮那経』は、いずれの部、いずれの時《じ》、いずれの教に収まるのかといったような疑問であった。こうした疑問に対して、『大毗盧遮那経』は、五時教《ごじきょう》の第三である方等時《ほうどうじ》に収まるという唐の天台僧の回答には亡き最澄の弟子たちにとって、後年、『大毗盧遮那経指帰』を執筆した円珍が、広修、維蠲の決答を批判して、「唐朝の老宿は、醍醐《だいご》を生蘇に貶《おと》し」たなどと述べているように、まったく満足できないものであった。

広修、維蠲から決答を受けとった円載にしても思いは同じであったであろう。円載は、天台山での留学に見切りをつけて、請益僧円仁のいる五台山の巡礼をへて、唐の都長安での修学を意図したかもしれない。天台山禅林寺の敬文から、円載は円仁が五台山の巡礼に向かっており、また五台山で円仁に広修の決答を見せるべく、すでにその決答に添えて、広修の台州刺史へ印信を請う書状、台州刺史が印信をあたえるのに付した詞書などの写しを五台山へ送付したことも聞いていたであろう。また去る四月二十九日、円仁が五台山の停点普通院で天台山国清寺に帰る同寺の僧巨堅に託した円載宛ての書状を円載は、すでに受け取っていたはずである。

かねて円載は、留学の目的を「台州国清寺に往《ゆ》くを請うは、師に随って学問するなり。若《も》し彼の州に全く人と法と无《な》ければ、或いは上都（長安）に法を覓《もと》め、諸州を経過して訪《と》い覓めん」と述べていた。円載は、長安へ赴くことを当初から目論《もくろ》んでいたのである。

# 会昌の仏教弾圧

## 会昌への改元

開成五年（八四〇）正月二日、皇帝文宗が重態に陥ると、仇士良《きゅうしろう》らは、皇太子の成美を東宮の位から引き摺《ず》りおろし、代わりに潁王瀍《えいおうてん》を皇太弟に立てた。翌々日、文宗は崩御した。享年三十三歳であった。その日、皇太弟は皇帝の位に即《つ》いた。これが武宗《ぶそう》（八一四〜八四六）である。

翌年（八四一）正月十日、開成六年を会昌元年と改元した。会昌の新しい年号を冠して、この年間に生じた激しい仏教弾圧を「会昌の廃仏」という。

この「会昌の廃仏」に、留学僧の円載も請益僧《しょうやくそう》の円仁も、もちろん巻き込まれることになる。

円仁は、会昌二年（八四二）三月三日の日記に、次のようなことを書きとめている。

を許さず。

李（徳裕）宰相は僧尼の条流《じょうりゅう》（法規を定めること）を聞奏す。勅下《くだ》りて、保外《ほがい》（隣保の組織に属さないこと）の無名の僧を発遣《はっけん》（追い出すこと）し、童子、沙弥を置くこと

## 廃仏の起こり

この武宗の勅は、隣保組織外の無登録の僧を寺院から追い出し、また寺院に童子や沙弥を置くことを許さないというものであった。この法規の要約を、円仁が日記に記したわけである。この武宗の勅は、中国側の記録には伝えられていない。「会昌の廃仏」が、この勅によって開始されることになったとみられる。その意味において円仁の記録は、廃仏の起こりの史料として、きわめて貴重である。

ただ中国側の史料で会昌二年に、これまで長安と洛陽の左右街に置かれ、僧尼の籍と功《こう》役《えき》を総監していた功徳使《こうとくし》の監督下にあった僧尼を礼部《れいぶ》（礼儀・祭祀をつかさどる官司）所属の役所の主客《しゅかく》に隷属させるという改革がなされていることが記録されているのは（『新唐書』巻四十八、百官志三、崇玄署条の注、および『資治通鑑』会昌六年五月乙巳条の注）、「会昌の廃仏」の先駆《さきが》けの一つとみるべきである。現にこの改革が、会昌六年（八四六）五月

五日、新帝の宣宗《せんそう》（八一〇～八五九、在位八四六～八五九）が廃仏政策を破棄し、仏教の復興を図った勅で、僧尼を主客《しゆかく》の所管から、もとの功徳使の管轄にもどしている。これによって、僧尼を主客の所管としたのは、「会昌の廃仏」の一環であったことが明らかに知られるのである。

## 仏教は天竺の宗教

「会昌の廃仏」の始まりをしめす僧尼の監理を功徳使から主客に移管したのはなぜなのであろうか。

その理由を明確に物語っているのは、会昌五年七月の中書門下両省の奏文である。その文のなかに、次のように記されている。

又《また》、六典に拠《よ》るに、主客《しゆかく》は朝貢の国七十余番（蕃）を掌《つかさど》る。五天竺国《ごてんじくこく》（古代インドにおいて東・西・南・北・中央の五つの天竺に分けた呼称）は並びに数の内に在り。釈氏《しやくし》（釈尊、ひろくは仏教）は天竺国自《よ》り出ず。今の陛下《へいか》、其の中国の教えに非《あら》ざるを以て、已《すで》に釐革《りかく》（改革すること）有り。僧尼の名籍、便《すなわ》ち主客《しゆかく》に繋け令《し》め、祠部《しぶ》及び鴻臚寺《こうろじ》に隷せず。

ここにいう「六典」とは、『大唐六典』のことである。同書の尚書礼部巻第四の主客の条に、『旧唐書《くとうじよ》』巻第四十三、職官志二の主客の項の「凡そ四蕃の国、朝貢を経るの後、……今存する所は、七十余蕃」という記事とほぼ同文を掲げて、その注記に「東天竺、西天竺、南天竺、北天竺、中天竺」の五天竺を「七十国」のなかに数え入れていることを述べたうえで、仏教は天竺（インド）に出自していて、今上皇帝の武宗は、仏教が中国の教えでないことから、すでに改革を行ない、僧尼の「名籍」を主客の所管とし、祠部および鴻臚寺には管轄させないこととしたのであるとする。

諸蕃の朝貢、接待、享宴《きょうえん》などを掌り、仏教や僧侶とは、まったく関係のない官庁である主客に、なぜ僧尼を統率させたのかの理由が、これによって明確となる。ここには、仏教が外来の宗教であって、中国本来のものではないとする中華思想が、はっきり露呈されており、「会昌の廃仏」の原因の一つがどのあたりにあったのかが、よくわかる。

### 円載からの故国の情報

円載は、しばしば故国日本の情報を手に入れていたようである。長安の資聖寺西院《しょうじさいいん》に寄住していた円仁のもとに円載の従僧仁済《にんさい》が、円載の会昌元年（八四二）十二月十八日付の書状をもたらした。円載の書状を円仁が受け取ったのは、翌会昌二年五月二十五日のことであった。円仁は、円載の書状の内容を、

日本入唐大使の相公は、本国の京城に到り、亡薨せらる有り。長判官は伊予介を得た

り。録事は左少史を得たり。高録事は大宰《だざい》の典《さかん》なり。淳和皇帝は去年七月崩ぜらる。第二船は裸人《らじん》の国《くに》に漂落して、船を破られ、人物は皆《みな》損ず。偶《たまたま》卌《ばかり》来の人は命《いのち》を得て、大船を折破して小船を作り、本国に達するを得たりと云々。

と書きとめている。

「日本入唐大使の相公」は、もちろん承和《じょうわ》の遣唐大使藤原常嗣《つねつぐ》である。常嗣は承和六年（八三九）八月、唐から帰国、翌年四月二十三日、薨去した。時に年四十五歳。常嗣が節刀を返進したのが前年の九月十六日であったから遣唐大使の重任を果たしてから、わずか七ヵ月余りしか経っていなかった。

伊予介となったと記す「長判官」は、遣唐判官の長岑高名である。長岑高名は、唐から帰国直後の承和六年十月二十五日に伊勢権介（翌年八月二十二日、山城守となる）に任じられているので、「伊予介」は、伊勢権介の誤伝であろう。

大宰府の典《さかん》となった「高録事」は、高丘百興《たかおかのももおき》とみなしてよい。また左少史に任ぜられたという「録事」は、かつて粟田碓雄《あわたのうすお》ではないかと推測したことがあるが、唐への往路、円載や円仁と遣唐第一船に乗りあわせていた遣唐録事の山代氏益《やましろのうじます》のほうが有力である。なぜならば遣唐第一船に円載らと同乗していたのは、遣唐大使の藤原常嗣をはじめとして、長岑判官、高丘録事ら、円載の書状に近況が記されていた人たちばかりだったからである。唐への渡海にさいして遣唐第一船に乗り込んでいた大使以下の使人、および円載、円仁らは九死に一生をえた思いで唐にたどり着いた。海上で生死をともにしたことによって、彼らのあいだには堅い絆《きずな》で結ばれる関係が生じていたのであろう。そこで円載は、第一船に一緒に乗っていた遣唐大使以下の幹部クラスの情報を円仁に伝えたものと思われる。

## 淳和上皇の崩御と『法華経』の知識

円載の書状には、淳和《じゆんな》上皇の崩御にもふれられていた。書状に「淳和皇帝は去年七月崩ぜらる」とあるが、淳和が崩じたのは承和七年（八四〇、唐の開成五年）五月八日であって、「七月」ではない。伝聞に誤りがあったのであろう。

円載が、とくに淳和上皇の崩御のことを円仁に知らせたのは、あるいは円載らの入唐求法《につとうぐほう》にあたって、なんらかの援助があったためであろうか。円仁に代って円載が天台山国清寺に届けた納袈裟は、淳和の皇后正子内親王から託されたものであった。また円載が独自に天台山の経蔵に納めるために国清寺の維䌨のもとに持参した「聖徳太子の法華経の疏」、すなわち『法華経義疏』は、前述したように、もしかすると淳和上皇の依頼によるものであったかもしれない。

かつて淳和は、天皇として在位中の天長七年（八三〇）に諸宗の宗義の要諦《ようたい》を撰進させた。天台宗からは義真が、『天台法華宗義集』一巻を作り、その序において義真は、「九流《きゅう》通覧《りゅう》して已に其の端涯《たんがい》を究め、八教洞察《はっきょうどうさつ》して亦其の蘭菊《らんきく》を採《と》れり（九流、すなわち儒家・道家・陰陽家・法家など九つの学派の説全体に目をとおして、すでにその涯《はて》までを究め、八教、すなわち天台で説く化法の四教と化儀の四教を見通して、またその香り高い蘭と菊とを摘み取った）」と淳和を讃《たた》えている。ちなみに円載も「九流」についての学識の持ち主であったことは後に述べる。

淳和上皇は、皇太子時代から仏教にかかわる詩も詠んでいる。その詩語には、『法華経』から採ったものも多くあって、義真の讃辞にみえるように淳和は、儒家、道家などの学識に深いものがあったばかりでなく、仏教なかでも天台宗が拠りどころとする『法華経』に豊かな知識を持っていたことが知られる。

たとえば、『文華秀麗集』に載せる「梵釈寺《ぼんしゃくじ》に扈従す《こじゅう》」に、「久《とこしえ》に有結《うけつ》を除《のぞ》きて意《こころ》恒《つね》に空《くう》なり（永遠に煩悩を取りはらって、心のなかは、常に真空である）」とあるのは、『法華経』序品《じょほん》に、「諸《もろもろ》の有結《うけつ》を尽して、心に自在《じざい》を得たり」とある表現によっている。また『経国集』に収められている「右軍曹貞忠《みぎのぐんそうさだただ》が入道するを聞き、因《よ》りて大将軍良岑公《だいしょうぐんよしみねこう》に簡す」の一首に、「久しく輪廻《りんね》の苦事《くじ》多きことを厭《いと》い」とあるのは、『法華経』方便品《ほうべんぼん》に、「六趣《ろくしゅ》の中に輪廻して、備《つぶ》さに諸《もろもろ》の苦毒を受け」という経文を念頭に入れたものであろう。さらに『経国集』に載せる「梵釈寺に扈従す、応制《おうせい》」一首の七言詩に、「而今此処《じこんここ》に世雄《せおう》を仰《あお》ぐ」とある句のなかの「世雄」は、『法華経』方便品に、「世雄《せおう》は量《はか》る可《べ》からず」とある語句をもちいているのである。

淳和は、その詩句に『法華経』の字句を使っていることからして、当然、聖徳太子撰の『法華経義疏』を日頃、畏敬をもって披読《ひどく》していたであろう。そこで淳和上皇が、『法華経義疏』の書写本を円載に託して天台山の経蔵に献納することを思いたった可能性は強いと思われる。

## 遣唐第二船の消息

円載が、遣唐第二船の消息を円仁にもたらしているのも注目される。「第二船は裸人《らじん》の国《くに》に漂落して、船は破られ、人物は皆《みな》損ず」という悲報は、円仁にとって人ごとではなかった。というのは、円仁は唐に残留するため帰国する遣唐使一行が分乗する船から抜けだしたものの、宿城村《しゅくじょうそん》（海州東海県東海の東方の雲台山の支山である宿城山の西南麓の地）で官憲の取り調べを受け、たまたま東海県の東岸に碇泊していた遣唐使船に連れもどされ帰国を余儀なくさせられた、その船が遣唐第二船だったからである。鬱々《うつうつ》とした日々《ひび》を帰国する第二船の船上で送っていた円仁は、登州《とうしゆう》文登県清寧郷赤山村《ぶんとうけんせいねいごうせきざんそん》（文登県の南方靖海衛の東方の地）の東辺に船が碇をおろし、上陸できた機会をねらって「抜け参り」を決行し、これから円仁の足掛け八年にわたる入唐求法の旅がはじまるわけである。その第二船が「漂落」したというのである。もし、あのとき、船から「抜け参り」せずに、日本へ向かって一行と航行をともにしていたならば、と思うと円仁は背筋《せすじ》が寒くなる思いであったろう。

さまざまな情報を手に入れていたらしい円載のことだから、円仁が帰国を余儀なくさせられ遣唐第二船に一旦《いったん》は乗り込んだことを知っていて、円載は第二船の遭難のことを円仁に報じたものに違いない。

## 遣唐第二船の遭難

円載は、円仁に「人物は皆損ず」と報じたのにつづけて、三〇人ばかりは、生き延びて、「大船を折破して小船を作り、本国に達するを得たり」としたためた。

遣唐第二船は、往路にそれほどひどい破損をこうむることもなかったので、帰路も遣唐使船そのものを運航させたのである。ところが、どうしたことか帰国の途次、行方不明となってしまった。そこで承和七年（八四〇）三月三日、「宜《よろ》しく大宰府及び縁海諸国に命じて、未《いま》だ廻来せざる第二船の為《ため》に、例に依って火を挙《あ》げ、之を候《ま》つべし」という命令を発して、遣唐第二船の帰着を待ち望んだ。

それから一ヵ月余り経《た》って、大宰府から遣唐知乗船事《ちじようせんじ》の菅原梶成《すがわらのかじなり》（?～八五三）らが大隅国《おおすみのくに》（鹿児島県）に帰着したとの報が入った。四月八日のことである。彼らは一隻の小船に乗って大隅国の海辺に辿《たど》り着いた。他の小船に乗っていた遣唐准判官の良岑長松《よしみねのながまつ》（八一四～八七九）の消息は、まだ不明であった。六月十八日になって遣唐第二船の准判官良岑長松らが大隅国に帰着したとの報が大宰府からの早馬《はやうま》によってもたらされた。

菅原梶成や良岑長松らの遭難の模様を伝える仁明天皇の詔には、

遣唐使第二船の人等《ひとなど》、廻来して申《もう》さく、去年の八月に南の賊境に漂落《ひょうらく》して相《あ》い戦う時、彼衆《かれおお》く我寡《われすく》なくして力甚《はなは》だ敵せざるなり。儻《たちま》ちにして敵に克《か》つるは、神助有るに似たりと申す。

とある。

この詔には、第二船の漂着地を「南の賊境」とし、正史には、あるいは「南海の賊地」とし、あるいは単に「南海」と記すのを、円載からの情報では、「裸人の国」としている。『魏志』倭人伝に記されている「裸国」を連想させる。「裸人の国」は、沖縄とも台湾ともいわれているが定かではない。

**ささやかな交戦**

遣唐知乗船事であった菅原梶成の卒伝（『文徳実録』仁寿三年六月辛酉条）には、漂着した模様とささやかな交戦の情況が、次のように記されている。

> 路に狂飈《きょうひょう》（吹きまくる風）に遭《あ》い、南海に漂落す。風浪は緊急《きんきゅう》し（さし迫まり）、船《はく》艫《ろ》（船首）を皷《う》ち、俄《にわ》かにして雷電霹靂《へきれき》し、桅子《かいし》（帆柱）摧破《さいは》す（砕き破る）、天昼黒暗にして、路の東西を失う。須臾《しゅゆ》にして寄着す。何《いず》れの一嶋《いっとう》なるかを知らず。嶋に賊類有り。数人を傷害す。

仁明天皇の勅にも、漂着の語句を「漂落」としてあったが、この卒伝記事にも「漂落」と表現している。円載が円仁に報じた書状にも、遣唐第二船の帰航途次における漂着を「漂落」と表記してあるのは、円載が日本からの情報でもちいられていた語句を忠実に写しとって円仁に知らせたことによるのであろう。

菅原梶成らが漂着した地は、右の記述によって南海の一つの島であったことが知られる。そこで、「裸人の国」を台湾とする説は、あたらない。おそらく沖縄諸島のなかの一小島であろう。

菅原梶成らは、帰国後、「南海の賊地に漂着し、相い戦うの時、得る所の兵器、五尺の鉾《ほこ》一枚、片蓋《かたふた》の鞘《さや》の横佩《たち》一柄、箭《や》一隻」を献上した。これらの兵器は「並びに中国の兵仗に似ず」とされている。それにしても、現地人と戦ったさいに捕獲したという武器にしては、あまりにもささやかである。「嶋に賊類有り。数人を傷害す」と菅原梶成の卒伝での伝えは、激しい戦いというよりは、小競《こぜ》りあい程度の些細な事件であったことをしめしている。梶成らによってもたらされた武器は、交戦のさいの分捕《ぶんど》り品ではなく、現地人から贈られたもののようにも思える。

数人が傷害されたなかで、命《いのち》を殞《お》とした者で名前がわかっているのは、遣唐音声長《おんじようちよう》の良枝清上《よしえのきよかみ》（旧姓大戸首、?〜八三八）ただひとりである。清上は横笛の名手《めいしゆ》であった。笛を清上から学んだ和邇部宿禰大田麿《わにべのすくねおおたまろ》（七九八〜八六五）の卒伝に、「清上は、特に善《よ》く笛を吹く。音律調弄《ちようろう》、皆《みな》其の妙を窮《きわ》む。……承和の初め、清上、聘唐使《へいとうし》に従って、大唐に入る。帰朝の日《とき》、舶、逆風に遭い、漂って南海の賊地に堕《お》ち、賊の為に殺さる」と記されていることによって、彼の最期《さいご》が知られるのである。

## 遣唐第二船の船材で造船

遣唐第二船は、唐への往路、ほとんど損傷をこうむらずに海州（江蘇省東海県）に着いたので、帰路も他船とは違って、そのまま就航したのである。だが往路、唐への出航寸前、第二船の船頭であり遣唐副使であった小野篁《おののたかむら》が、渡唐を拒否するという事件が起きた。そのため他船よりも二五日ほど遅れて日本を船出した。これが幸いしてか、他船とは相違して、無事、唐に着くことができた。しかし帰路、大海で暴風に見舞われた。船の破損は大きく、南海へと流され一小島に漂着したわけである。遣唐第二船は、副使小野篁の離脱、篁に代って船頭となった遣唐判官の藤原豊並《とよなみ》（?〜八三九）の客死、そして帰国途中の難破という悪い星の下に生まれた船であった。

遣唐第二船は、百六、七十人が乗れる大型船であった。円載が円仁に宛てた書状によれば、生き残った者は、三〇人ばかりであったというから、一三〇人くらいの人が大海に呑まれ、数人が漂着した島での現地人との争いで死傷したことになる。

菅原梶成の卒伝には、「判官の良岑長松《よしみねのながまつ》等と与《とも》に力を合わせ、即ち破船の材木を採集して、一船を造って共に載《の》る。爾《そ》の時、便風《べんぷう》（追い風）舶を引《みちび》き、此の岸に着くを得たり」とある。

菅原梶成は、良岑長松らと協力して、破船の材木を集めて船を造り、それに乗って帰ってきた。造船の模様について、円載の書状には、「偶《たまたま》卅来《ばかり》の人は命《いのち》を得て、大船を折破して小船を作り、本国に達するを得たり」とあった。とにかく生き残った三〇人ほどの者が力をあわせて、航行不能となった遣唐第二船の材木を利用して、小船二隻を造った。しかし考えてみれば、生き残った者三〇人のうち小さな船にせよ、造船技術を持った者、もしくは造船の知識を有していた者が、どれほどいたであろうか。

### 誰が船を造ったか

遣唐使のなかには船匠《せんしょう》と称する船大工《ふなだいく》が随員として加わっていた。さらに円仁が帰国する遣唐使一行のために購《あがな》われた新羅船九隻の修理のために楚州に遣わされた人びとのことを日記に書きとめているのによれば、派遣されたのは、都匠《としょう》（工匠の監督官）、番匠《ばんしょう》（大工）、船工（船匠と同じく、船大工）、鍛工（鍛生と同じく、鍛冶鍛金工）など三六人であった。すなわち船の修理のためには、工匠の監督官のもとに船匠のほかに、番匠（大工）、鍛工（鍛生）などの技術者が必要であった。『延喜式』大蔵省式にみえる遣唐使の職掌には、都匠と番匠は見あたらないが、おそらく都匠は、船師に相当し、番匠は細工生《さいくしょう》にあたるとみなしてよいかもしれない。

さて南海の小島に漂着し、生き残った三十余人のうちに、あんばいよく船匠などの技術者がそろっていたとは考えられない。しかも菅原梶成や良岑長松らは、船の修理ではなく、破損して航行できなくなった遣唐第二船を解体して、その船材でもって一五人ぐらい乗れる小さな船にせよ、新しく二艘の船を造ることだった。その小船は、とにかく大海原を乗り切るための性能が必要である。したがって生き残った漂着者だけで、長距離の航海に耐える船ができるとは思われない。漁撈を生業《なりわい》とし、造船にも長《た》けた島の現地人の手助《てだす》けなくしては、到底できなかったはずである。

だから南海の島に漂着した当初は、現地人とのあいだに小競《こぜ》りあいくらいはあったかもしれないが、漂流者と現地人とのあいだは、きわめて友好的に事がはこんだと考えざるをえない。そうでなければ、菅原梶成らが無事に波濤を越えて日本に帰り着くことはできなかったであろう。交戦して現地人の兵器を捕獲したなどという話は、誇張されているとしなければならない。

## 劉慎言の書状

円載が傔従《けんじゆう》の仁済に託して円仁に送った会昌元年十二月十八日付の書状と同時に、円仁は、今年（会昌二年）二月一日付の楚州の新羅訳語（新羅語の通訳）劉慎言《りゆうしんげん》の書状を仁済から受け取った。劉慎言の書状には、次のようなことが書きならべてあった。

㈠遣唐使一行を九隻の新羅船で日本に送りとどけた稍工《しょうこう》（舵取り）と水手《かこ》（水夫）とが、会昌元年の秋に日本から帰ってきた。㈡玄済阿闍梨《げんさいあじゃり》が日本から託されてきた書状と砂金二四小両は現に劉慎言のところにある。㈢恵蕚《えがく》和尚が船に便乗して楚州に着き、すでに五台山の巡礼をすませて、この春に日本に帰ろうとしているので、劉慎言はすでに乗組員と船との手配を終えた。㈣ところが恵蕚和尚は、去年の秋にしばらく天台山に行き、去年の冬のうちに受けとった恵蕚和尚からの書状には、李隣徳四郎《りりんとくしろう》の船に乗るため明州《めいしゅう》（浙江省鄞《きん》県《けん》）に行き帰国しようとしているとあったが、恵蕚和尚の金銭と物品や衣服、および弟子は、すべて楚州にあり、また乗組員と船とは、すでに手配ずみなので、和尚を楚州に迎え、ここから出発させるほかはなかった。そして㈤円載へ送った書状において、僧の玄済が携えてきた砂金二四小両と、あわせて日本からの人びとの書状など陶十二郎（陶中《とうちゅう》）が唐に帰るさいに託されてきたものは、現にすべて劉慎言の家にあると伝えたことなどであった。

これら楚州の劉慎言から円仁にもたらされた情報のうち、遣唐使一行を日本に送り届けた新羅船が会昌元年の秋に楚州に帰着し、その船に乗って日本から来た玄済阿闍梨が託されてきた書状と砂金二四小両が、現に劉慎言のところにあるという知らせは、円載ともかかわるものであった。そこで㈤にみられるように、劉慎言は、玄済がもたらした砂金のこととあわせて、陶十二郎が唐に帰るにあたり日本で託されてきた人びとの書状が、劉慎言の手もとに置かれてあることを円載にも知らせたのであった。

円載の書状と楚州の劉慎言の書状とを長安にいる円仁のもとに届けた円載の傔従の仁済は、会昌二年（八四二）七月二十一日、天台山へ帰っていった。仁済が円仁のところに来たのは、五月二十五日のことであったから、およそ二ヵ月、長安の円仁のもとに滞在していたわけである。そして仁済は、天台山へ帰っていったのであるから、円載は、当時天台山国清寺に滞在していたことになる。

### 円仁の従僧惟正の報告

仁済が天台山に帰っていくのに同行して、円仁の傔従である惟正《ゆいしょう》が、劉慎言のところに置かれていた日本からの書状を受け取りに楚州へ出向いた。惟正は、三ヵ月近く経った十月十三日に楚州から長安にもどってきた。惟正が劉慎言のところから受け取ってきたのは、本国からの書状二通、楞厳院《りょうごんいん》（比叡山における円仁の住房である首楞厳院のことで、その院の総検校である安恵《あんね》〈七九四?〜八六八〉を指すか）の書状一通、高《こう》上人（高は亮の誤写で、恵亮《えりょう》〈八〇二?〜八六〇〉のことか）の書状一通、および刀子四柄であった。陶中（陶十二郎）に託されて日本から持ってこられた金二四小両（円仁の原文によれば、陶中が金二四小両を託されたとするのは、前文の玄済が金二四小両を携えてきたとするのと矛盾するが、この金二四小両も玄済が日本から持参してきたものを指すのであろう）は、すでに楚州の劉慎言が使いはたしてしまっていて、受け取ることができなかった。惟正は素手《すで》で帰ってきたのである。劉慎言からの書状によると、円載の命令によって、劉慎言がすでに使い切ってしまったという。書状の入れてある箱の封も、開封されていた。

### 円載の行為

円載は、日本から送られてきた金二四小両を着服してしまったのであろうか。劉慎言の言によれば、円載の命令によって劉慎言が使いはたしたというからには、劉慎言のところで金二四小両が消費されたわけである。

それでは劉慎言に対する円載の「命令」とは、いったいどのようなものであったのか。会昌三年（八四三）十二月、円仁が日記に記しているのによれば、天台山の留学円載が、表を進上するために弟子の仁好と順昌を日本に帰らせるため、劉慎言のところに遣わした。仁好らは慎言に船を求めた。そこで慎言は一隻の船を手配し、人を遣わして仁好らを送らせた。彼らは今年の九月に出帆したと、劉慎言は円仁への書状で報じている。

このような円載と劉慎言との行動から察すると、金二四小両が日本から届いたことを円載にも知らせた劉慎言のところに、円載は、折り返し、その金を日本への船の借用、手配などの費用にあててほしいと依頼してきたために、金二四小両が劉慎言のところで消費されてしまったのではなかろうか。当時、すでに円載は、弟子の仁好らを、いったん帰国させるための目論《もくろ》みを立てていたと思われる。

## 会昌三年の円載

さきに述べておいたように、円載は、天台山国清寺に赴いてから程《ほど》ない開成四年（八三九）六月、同寺の日本新堂において湛然《たんねん》が著わした『五百問論』を書写した。その識語に、「会昌三年三月三日、僧仁好等に付して、日本国延暦寺の徒衆、大徳、三綱、宿徳に送り上る」とあるのは円載が、それ以前から、従僧の仁好らに、それまでに書写した経籍や、広修、維蠲から回答をえた「唐決」を持って日本へ帰らせる手筈《てはず》をきめていて、楚州に居留する新羅人の劉慎言と連絡を取り、船の手配などを慎言に依頼することを手ぬかりなくすすめていたのが、いよいよ実現可能となったことを如実に示している。会昌三年の正月二十九日に、円仁は、劉慎言の書状とともに円載の弟子である順昌からの書状を楚州からやって来た新羅人から受け取っている。彼らの書状には仁好、順昌らの日本への渡航について、ふれてあったとみなしてよいであろう。

仁好と順昌らの日本へ向かっての出発は、劉慎言の奔走《ほんそう》にもかかわらず、船の用意が整わなかったためであろう、同年の九月になってしまった。

この年の十二月、円仁が劉慎言の書状をえて、円載が仁好と順昌を日本に帰らせたことを知ったことは、前述したとおりである。

円仁が円載の指図《さしず》で仁好、順昌が日本に帰ったことを知った十二月、まさしくその月に仁好らは、日本に帰り着いていた。そのことを『続日本後紀』承和十年（唐の会昌三年、八四三）十二月癸亥（九日）条は、

入唐留学天台宗の僧、円載の弟子仁好、順昌は、新羅人の張公靖《ちようこうせいら》等廿六人と与《とも》に、長門国《ながとのくに》に来着す。

と記している。このときに仁好らは、円載が国清寺の日本新堂で書写した『五百問論』や広修、維蠲の「唐決」をもたらしたことは間違いない。

## 会昌三年の風説

この年の円載をめぐって、忌まわしい風聞が伝えられている。唐の大中七年（日本の仁寿三年、八五三）十二月、天台山国清寺で越州（浙江省紹興市）から訪ねてきた円載に面晤《めんご》した円珍（八一四〜八九一）は、その日記に円載のことを悪しざまに記している。そうした記載のなかに会昌三年の円載の逸脱した行動が書きとめられている。

会昌三年、本国の僧円修、恵運、此の山に来到して、具《つぶさ》に円載が尼を犯せるの事を知

りぬ。僧道詮《どうせん》和上の曰わく、円修は道心あり。多くの材学《さいがく》あり。禅林寺に在《あ》りて、円載が数《しばしば》寺を出ずるを見て、声を挙《あ》げて大いに哭《こく》し、国家が汝に粮食を与《あた》うるは、徒衆が汝の学の満ちて本国に却帰し、仏法を流伝するを待つがためなり。何《なに》すれぞ業《ごう》を勤めずして、此の悪行《あくぎょう》を作《な》すや。蒼天なるかな（ああ悲しいことだ）、蒼天なるかな。

円修が唐に渡った年時を語る記録は残っていない。しかし円修とならんでみえる恵運については、

大唐の会昌二年……秋八月廿四日午後、帆を上げ、大洋海を過《わた》りて唐に入る。〈正東の風を得て、六箇日の夜、船は大唐の温州楽城県（浙江省楽清県）玉留鎮府《ぎょくりゅうちんふ》の前頭に着く。〉

と『安祥寺伽藍縁起資財帳』に記されているので、円修は、恵運とともに承和九年（唐の会昌二年、八四二）八月に入唐したとみなしてよい。

円修は、ただちに天台山へと向かった。それは、彼自身が次のように記していることから知られる。

滄波万萬《ばんばん》、存亡のこと期し難し。大師の護りを蒙りて、直に天台に到り、第八の伝法大師の臨終に遇うを得て、戒を与《あた》えられ、手ずから如意《にょい》と伝法の印信《いんじん》を授けらる。衆《しゅ》

生《じょう》を利益《りやく》し、最後に唱言《しょうごん》すらく、了《おわ》りぬるかな、了りぬるかなと。是《かく》の如く七遍称《とな》えたまう。不思議《ふしぎ》（言葉で言いあらわすこともできないこと）なり。

この円修の文にみえる「第八の伝法大師」は、円載が「寺家の未決」の回答を、最初に受けた天台山禅林寺の高僧広修《こうしゅ》のことである。その広修から円修は、戒を与えられ、如意と伝法の印信《いんじん》を授けられたのである。しかも円修の受戒は、広修の臨終のさいであった。広修が禅林寺において入寂したのは、会昌三年の二月十六日であった。

円修の広修からの受戒の時点は、まさしく円載が、従僧の仁好らを日本に遣わして、さきに書写してあった湛然撰の『五百問論』などを延暦寺に届けようとして動いていた時期なのである。

## 円載の行動は真実か

はたして円載が、そうした時期に、尼僧を犯《おか》すという、いわば破戒行為をしたであろうか。第一、円珍が道詮の言として、道心があり、才学があるとして、道詮が円修を褒《ほ》めそやしたと述べたうえで、円修は禅林寺に居留していて、円載が、しばしば寺を出るのを見て、声をあげて泣き、円載の悪行を非難したということを記しているのは、どうも疑わしい。

この記述では、まるで円載が禅林寺にいて、そこから、しばしば外出しているのを、円修が目撃したかのように記されている。円載は、『五百問論』の写本識語にあるように天台山でも国清寺のほうに「日本新堂」を構え、そこで修学していたのである。禅林寺にいた円修が、円載の「ふしだら」な行動を見られるわけがない。国清寺と禅林寺とは、同じ天台山中でも、およそ八㸃余り離れており、また円載と円修とが会ったかどうかも確かめられない。

さらに円珍は、円載の行状《ぎょうじょう》について、道詮の語ったこととして次のような悍《おぞ》ましい話を書いている。

円載は、此れに因って怨《うら》みを結び、毒《うら》みを含《いだ》く。円修が天台従《よ》り発ち、明州《めいしゅう》へ去って已後《のち》、載（円載）は新羅の僧を雇い、毒を将《も》って去《ゆ》かしめ、円修を殺《ころ》さんと擬《ぎ》す。修（円修）は便《すなわ》ち舡《ふね》に上り、発ち去ること多日《たじつ》にして、事は著《な》らず。便ち新羅（の僧）、却《かえ》り来りて曰わく、他《かれ》を趁《お》うも著《な》らずと。載（円載）曰わく、耐え叵《がた》し、耐え叵し〈和《やまと》では、阿奈祢太《あなねた》、々々々々《あなねた》と言う〉と。

円載が、円修によって非難されたことを怨んで、「殺し屋」を雇って円修を毒殺しようとして成功しなかったという話も、まともには信じられない。

もし円載の天台山での「ふしだら」な行動が事実であったとしたならば、円修と円珍との関係からして、円珍は、唐に渡り天台山国清寺を訪れる以前から当然、円載の許せない行為を聞知していたはずである。にもかかわらず入唐以前の円珍の動きからみると、円載の天台山における不行跡を知っていたようには全然みえない。この円載問題については、後年、天台山国清寺で円珍と円載とが出会うところで、ふたたびふれることになる。

### 会昌四年の円載

会昌四年二月、円仁は越州（浙江省紹興県）の都督府の武官である潘《はん》という姓の人物が、薬物貢進の使者として長安に来たついでに、円載の書状を円仁のもとにもたらした。円載の書状には、衣糧も尽きてしまったので、弟子僧の仁好ら二人を日本へ遣わし、衣糧を請《こ》いに行かせたとあった。この書状を円仁にもたらした越州都督府の武官である潘は、円載についての新しい情報を円仁に伝えた。

その情報とは、次のようなものであった。円載は長安に入京することを願い、越州の公文書を手に入れ、わたし（潘）に託して中書門下（内閣）に上申させた。わたしは最近、中書省に出かけて越州都督府発行の文書を届けたが、宰相《さいしょう》（大臣）は、これを却下して、上奏のなかに入れることを認めなかった。そこで円載の入京は、実現しないことになったという。

円載からの書状で報じられている仁好ら二人の日本への派遣は、前年十二月に、円載の弟子の仁好と順昌が、新羅人の張公靖ら二一人とともに長門国に来着したことと、もちろんかかわっている。

円仁への書状で、円載は弟子僧仁好らの日本派遣の理由として、「衣糧は罄尽《つき》るに縁《よ》り」ということをあげていた。

円載の天台山留学に対して、唐では五年間の食糧を支給するという待遇があたえられていた。それは唐の開成四年（八三九）二月のことだったから、円載が仁好らを、いったん日本に帰すために具体的に動きだした会昌三年（八四三）には、足掛け五年になり、そろそろ食糧支給の期限もせまっていた。そこで円載は、「衣糧は罄尽《つき》るに縁り」と日本政府に訴えでたわけである。

**承和十一年の日本の対応**

日本の承和十一年（八四四）は、唐の会昌四年である。

日本では、その年の七月二日、次のような勅が発せられた。

在唐の天台請益僧円仁、留学僧円載等、久しく絶域に遊び、応《まさ》に旅資に乏しかるべし。宜《よろ》しく円載の傔従僧仁好の還次《かんじ》（引き返すこと）に附して、各《おのおの》黄金二百小両を賜うべし。

この勅によって知られるとおり、円載からの衣糧の資の要請は、聞き届けられた。そして注目しておいてよいのは、円仁の旅資として円載と同額の黄金二〇〇小両が支給されたことである。円載は、円仁のことにもふれて、円仁の分の衣糧の支給要請をもしたのであった。

翌会昌五年（八四五）七月五日、円仁は楚州の劉慎言の家で、ある人物がやって来て慎言に、日本から来た二隻の船が、江南の常州（江蘇省武進県）の界に着岸し、これらの船を売却して、別に唐船を雇って物資を載せ楚州へ来ようとしていると知らせた。円仁は、これを聞き、おそらく会昌三年に円載の弟子仁好、順昌らを日本へ送っていった船が戻ってきたものであろうと思い、人を遣わして探させようとした。

そして円仁は、その日の日記を、「特に円載上人の消息を問うに、人の知り示すもの無《な》し」と締め括った。円仁は、もはや唐で円載の消息をつかむことはできなかった。

会昌二年（八四二）からはじまった「会昌の廃仏」は、会昌五年にいたって極限に達した。

## 会昌五年の廃仏

円仁は、前年すなわち会昌四年の三月の日記に、「今上（武宗）は、偏《ひと》えに道教を信じて、仏法をば憎嫉《ぞうしつ》（憎み嫉むこと）す。僧を見るを喜ばず。三宝を聞くを欲せず」と書き、宮中の長生殿にある内道場に、昔から仏像や経典を安置し、僧三七人を順番に内道場に呼んで、毎日祈念させ、日夜絶えさせることがなかったのに、「今上は、便《すなわ》ち経教《きょうぎょう》を焚焼《ふんしょう》し、仏像を毀坼《きたく》（壊し割ること）し、僧衆を起出《きしゅつ》（追いだすこと）して、各《おのおの》本寺に帰らしむ」と、武宗の宮廷内での廃仏を記している。そして同年九月、皇帝武宗は、いまだに完全に排除し終っていないのは、ただ全国の寺院と僧尼の強制還俗であると、うそぶきはじめた。そのころ、権勢を振った道士の趙《ちょう》帰《き》真《しん》らは、「仏は西戎《せいじゅう》（ここではインドのこと）に生まれて、不生《ふしょう》（永久に悟りに入って、迷い多い世界に生まれないこと）をば教え説けり。夫《そ》れ不生は、只《ただ》是れ死なり。人を化して涅槃《ねはん》に帰せしむるも、涅槃は死なり。盛んに無常、苦、空を談ずるも、殊に是れ妖怪《ようかい》なり」などと説いて、中国生まれではない仏教に対する非難攻撃の矛先を強めていた。そして翌十月、全国の小寺院を破壊し、そこにあった経典、仏像を大寺院に運びこませ、梵鐘は道教の寺院に搬送させる勅が発せられた。あわせて破却された仏教寺院の僧尼で振る舞いが粗野であって、持戒に努めないものは、老若をとわず、ことごとく還俗《げんぞく》させ、原籍地に帰らせ、課役《かえき》を負わせることにした。また年寄りの僧尼で持戒に努めるものは大寺に配し、戒律を守るものでも、年少のものは、すべて還俗させ、原籍地に帰らせることとした。この勅命によって、長安では三三の小寺院が破却され、その僧尼が取り締りの対象となったと、円仁は記している。

このように寺院、僧尼に対する圧力が次第にきびしくなり、翌会昌五年、「会昌の廃仏」は、山場《やまば》を迎えるのである。

この年三月、全国の仏教寺院が庄園を領有するのを許さないとする勅がくだった。そして全国の仏教寺院の所有する奴婢の数などの調査を行ない、長安の寺院の奴婢は、才芸（武芸）のあるものは軍隊に召集し、才芸を持たぬ年若く強壮なものは、売却して貨幣に替え、老人や病弱者は官の奴婢として没収するという非人道的な処置にでた。ここに奴婢の家族の離散がはじまった。「憂《うれ》い哭《な》き、父は南に、子は北に、とは今の時、是れなり」と円仁は、日記に記している。長安では、廃仏にともなって、まことに痛ましい光景が各所でみられた。

## 円載の還俗

会昌五年（八四五）三月以降、僧尼に対する措置は、日増しに酷《きび》しさを加えていった。三月三日、全国の諸寺院の僧尼で、年齢が四十歳以下のものは、すべて還俗させ、原籍地へ帰らせるという勅がだされた。その後、こんどは年齢五十歳以下のものにまで還俗命令が拡大された。それから間もなく、五十歳以上の僧尼であっても、祠部《しぶ》の証明書（牒）がなければ、ことごとく還俗させるということになった。こうした還俗命令は、四月一日から施行され、年四十以下の僧尼は十五日までに毎日、三〇〇人が還俗させられた。還俗させる僧尼が尽きると、四月十六日から五月十日までは五十歳以下の僧尼に還俗を命じたという。そして十一日からは、五十歳以上の証明書不所持の僧尼の還俗がはじまったのである。

やがて還俗命令は、外国人の僧にまで拡大された。外国人の僧は、祠部の証明書を所持していなければ、還俗させて、本国に帰らせるということになった。そして、「如《も》し僧尼の還俗に伏《したが》わざる者有《あ》らば、違勅罪を科して、当時《たちどころ》に決殺《けっさつ》（死刑にすること）せん」という、じつに恐ろしい命令が発せられた。

長安に留住していた円仁は、ここに至って還俗せざるを得ないことになった。円仁は、その心境を、次のように日記にしたためた。

心に還俗を憂《うれ》えず。只《ただ》、写す所の聖　教《しょうぎょう》をば身に随《したが》え将《も》ちて行くを得ざるを憂う。……此の難に因らざれば、則ち帰国の因无《な》し。且《か》つ聖教を将《も》ちて、本国に帰るを得るを、喜べり。便《すなわ》ち本願に合するなり。

円仁が、「晩際《ばんぎわ》に一寺《いちじ》の僧（すべての寺の僧）に辞し了《おわ》りて、便《すなわ》ち俗衣を着《き》る」と日記に書いたのは、会昌五年（八四五）五月十三日のことであった。ここに円仁は、僧衣を捨てて俗衣を身につけることになったのである。

外国人の僧にも還俗命令が発せられ、これにしたがわないものは死刑に処せられることになったからには、天台山国清寺にいた円載にしても還俗せざるをえなかった。円載がいつ還俗したかは不明である。しかし円載みずからが還俗したことを述べている文章がある。その記述については後述する。

## 会昌年間の国清寺の廃寺

後年、円珍は天台山国清寺へ赴く途中、天台大師の放生《ほうじょう》の池のことにふれたところで、「寺を拆《たく》して已後《いご》」、すなわち寺が破壊されて以後云々と、会昌の廃仏・破仏が天台山におよんだことを大中七年（日本の仁寿三年、八五三）十二月九日の日記に簡単に書きとめている。また祖師最澄が天台山禅林寺に後来の学僧のために院を造ったことにふれて、「而《しか》るに会昌年中、僧人難に遭い、院舎随って去《のぞ》かる」と院舎が破却されたことを記している。

さらに円珍は、会昌以後の寺の復興について筆をすすめ、惟幻（惟蠲か）、清観の両名が長安へ行き、状を進じて鴻鐘《こうしょう》（大きな釣り鐘）を賜わることを奏請した。その結果、左神策軍の鐘を賜わり、あわせて一本の大蔵経の教論をえてきたと記している。このことは『宋高僧伝』の天台山国清寺の清観伝に、「大中の初め、天下の寺刹《じさつ》は中興す。（清）観は京に入りて、大鐘《だいしょう》を請《こ》い、寺に帰って鳴撃す。……復《また》、蔵経を請いて寺に帰りぬ」とあるのと符合する。

宋の熙寧《きねい》五年（日本の延久四年、一〇七二）五月十三日、国清寺の大門の前に到着した天台僧の成尋《じょうじん》（一〇一一〜一〇八一）は、『参天台五台山記』に、「国清寺は、……大唐の武宗皇帝の会昌五年乙丑三月に至り廃す。宣皇帝の大中五年辛未正月に至りて、勅を下し、此れ従《よ》り重建す」と書いている。これによれば、国清寺は会昌五年の三月（あるいは正月か）に破却されたようである。

会昌の廃仏において全国の仏教寺院の破却を命じたのは、会昌五年の四月であったと伝えている。すなわち『唐会要』巻四十八、議釈教下に所載の大中元年（八四七）閏三月の勅文のなかに、「会昌五年四月、廃する所の寺宇」とあるのが、それをしめす。成尋の『参天台五台山記』の諸写本には、実は「会昌五年乙丑三澄に廃さる」とある。ここに記されている「三澄」を「三月」の誤写とみなさないで、「三微《さんび》」の「微」を「澄」と誤って写したのかとも解される。「微」の崩し書きを「澄」と見誤る可能性はある。正月の別称に「三微月」があるから、ここでの「三微」は、三月のことではなく、正月としてよいのではないか。とすれば天台山国清寺が破壊されたのは、会昌五年の正月となる。

事実、『唐会要』巻八十六、奴婢の項に、「会昌五年四月、中書門下奏すらく、天下諸寺の奴婢、江淮《こうわい》（揚子江《ようすこう》と淮水《わいすい》流域の地方）の人数、至って多し。其の間、寺已に破り廃すること有りて、全《まつた》く僧衆無し。奴婢既に衣食無く、皆自ら生を営む」とあるのによれば、会昌五年四月以前に、揚子江（長江）と淮水流域の地方では、すでに寺院の破却が行なわれていた。したがって天台山の諸仏閣の破壊が、会昌五年の正月になされたとしても不思議ではない。

天台山国清寺は、会昌五年正月ころ破壊されてしまった。同寺に留学していた円載は、どこへ行ってしまったのであろうか。

## 揚州と楚州の光景

六月二十八日、揚州に到着した円仁は、そこで目にしたものはなにか。円仁は、その日の日記に、こう書いた。

（揚州）城の裏《うち》の僧尼は、正《まさ》しく頭を裹《つつ》みて、本貫に遞帰《ていき》されるを見たり。寺舎を坼《こぼ》ち、銭物、庄園、鐘等は、官家が収検せり。近ごろ勅有り、牒来たって云う、天下の銅仏、鉄仏は尽《ことごと》く毀砕《きさい》して、斤両を称《は》量《か》り、塩鉄司に委《まか》して、収管し訖《おわ》れ。具《つぶ》さに録して聞奏せよと。

円仁が揚州で見た光景は、まさに僧尼は、「頭を裹《つつ》みて」、すなわち俗人となって本籍地に遞送されつつある場面であった。城内の寺舎は、すでに破壊され、寺院の財物、庄園、梵鐘などは、政府に没収されてしまっていた。円仁が見たものは、仏教徒として目を覆いたくなるような無惨《むざん》な姿であった。

先述したように、揚州から楚州に入り、そこで耳にしたのは、「特に円載上人の消息を問うに、人の知り示すもの无《な》し」ということであった。

その楚州から円仁は、登州（山東省蓬萊《ほうらい》）まで北上して帰国するための船に乗らなければならないことになった。円仁は、日記に「登州は、是れ唐国東北の地の極《きわ》みにして、楚州を去ること一千百余里（およそ六〇〇キロ）なり」と書いている。

楚州の新羅人の訳語である旧知の劉真言らは、「勅ありて仏教を断じて、切《しき》りに禁断せしむ。北に向かう州県の人心は麁悪《そあく》にして、仏の教《きょう》（経典）と像（仏像）とを随身《ずいしん》して将《もた》らして行くを見れば、的応《かなら》ず障礙《しょうがい》（邪魔をすること）を作《な》して、罪は違勅に及ばん」と円仁に注意した。

経典と仏像を携行《けいこう》すると、密告されて違勅罪に科せられてしまうという物騒《ぶっそう》な世の中となってしまっていた。もちろん僧の姿をしていては、もっとも危険である。国清寺は廃墟となり、還俗せざるをえなかった円載は、どこに姿を消してしまったのであろうか。

# 会昌廃仏の終焉

登州に行き着いた円仁は、登州での廃仏のありさまを、次のように記している。

## 辺境に及んだ廃仏

登州は、大唐東北の地の極《きわ》みなり。北海に枕《のぞ》み、海に臨みて州を立つ。州域は海を去ること一、二里許《ばか》りなり。是れ辺地と雖も、僧尼を条流（法規を定めて還俗させること）し、寺舎を毀坼《きたく》（破壊すること）し、経を焚《や》き像を毀《こぼ》ち、寺物を収検（おさめ取ること）することは、京城と共に異なること无《な》し。

このように「会昌の廃仏」は、長安の都から遠く離れた辺境の地にも及んだのであった。唐の史書の伝えるところによれば、全国で破壊された寺院は、四六〇〇余り、還俗させられた僧尼は、二六万五〇〇〇人、山野の宿坊（招提《しょうだい》）や庵（蘭若《らんにゃ》）は、四万余り、収公された寺院所有の良い田地は、数千万頃《けい》、および奴婢は、一五万人であった。

しかし、全国的に吹き荒れた廃仏は、会昌六年（八四六）三月二十三日、武宗の死によって終焉をむかえた。円仁が武宗の崩御のことを聞いたのは、四月十五日のことであった。その日の日記に円仁は、「身体は爛壊《らんかい》して崩ぜりと」と記している。武宗が身体が糜爛《びらん》して崩じたというのは、仙術を身につけた道士《どうし》が調合した霊薬である丹薬を、日ごろ服用していた副作用のためであった。そして五月二十二日、円仁は、

### 武宗の死と新帝の即位

新天子（宣宗）姓は李《り》、五月中に大赦す。兼ねて勅有り。天下、州毎《ごと》に両寺を造り、節度府に三所の寺を造るを許す。寺毎《ごと》に五十僧を置く。去年還俗したる僧の年五十已上の者は、旧に依りて出家するを許し、其の中、年八十に登《な》る者は、国家は五貫文を賜う。

と日記にしたためた。

仏教を弾圧した武宗に代って即位した新帝宣宗（八一〇～八五九）は、つぎつぎと仏教弾圧の政策を改廃していった。円仁が全国の州ごとに二寺を造り、節度使の官衙管轄の寺

を三ヵ所造ることを許し、寺ごとに五〇僧を置き、去年還俗した僧で五十歳以上の者に、ふたたび出家することを認め、また八十歳に達している者には、国家が五貫文（五〇〇〇文）の銭貨を賜うことになったと書いている。それは、五月五日の勅令によるものであった。これに該当する勅文は、今日残っていないが、大中二年（八四八）正月三日に発せられた新帝宣宗の勅「受尊号赦文」に、「其の僧尼の年幾《ねんき》、限約、幷びに諸条流は、会昌六年五月五日の赦条の事例に準じて処分せよ」とあるのが、その勅が発布されていたことを、はっきりしめしている。それと円仁の記している寺院および還俗僧五十歳以上の者に対する出家認可などの規制緩和とが関係するものであることは、僧尼の年齢や制約、ならびに諸規定の問題にふれていることから知られる。

なお同じ日に発せられた「赦書」によって左右街の功徳使が、長安両街にある寺院の再興のことを奏上している。寺院の復興再建のことが全国に及んだのは、翌々大中二年（八四八）の正月三日の勅によってであった。ここに唐における仏教受難の冬の時代は終った。

## 張友信の船の情報

そのころ円仁は、帰国の船を求めて落ち着かない日々を送っていた。

登州に来ていた円仁の帰国のために、わざわざ船を造ってくれていた登州の守備官で文登県に多く居留していた新羅人の監督をもしていた新羅人の張詠《ちょうえい》は、

「国の名義をもちい、遠国の人を送るために、勝手に船を造ったのにもかかわらず、皇帝が派遣した使者に対しては、迎接もしない」などという讒言《ざんげん》に遭って、すでに完成していた船で、円仁を日本に送り帰すことができなくなってしまった。

それは大中元年（八四七）閏三月十日のことであったが、その日の日記に円仁は、次のように書いて、帰国するための新たな船を求めようとしたのである。

商量《しょうりょう》（相談）して明州《めいしゅう》に往《ゆ》き、本国の神御井《みわのみいら》等の船を趁《お》い帰国せんとす。目下《もくか》、船の南に往くもの无《な》きに縁《よ》りて、十七端の布を将《も》って新羅人の鄭客《ていかく》の車を雇いて、衣物を載せ、海に傍《そ》い密州《みつしゅう》の界を望みて去《ゆ》かんとす。

円仁は、はるか南の天台山に近い明州《めいしゅう》（浙江省鄮《もう》県、現在の寧波《ニンポー》）の港に日本人の神御《みわのみ》井《い》（大神巳井）らの帰国する船が碇泊しているのを追い求めて、その船で帰国しようとした。そこで円仁は、陸路や海路をとって、やっと楚州に辿り着いた。登州を発《た》ってから、およそ三ヵ月後の六月五日であった。ところが、「訪《と》うに（訊ね問うと）明州の本国の人は、早已《もはや》、発ち去れるを知る。前程（行き先の行程）を料《はか》るに、彼の船を趁《お》うとも、的《あき》らかに及《およ》ばざらんと」と円仁が記しているように、神御井らの帰国船は、すでに明州を発ってしまっていた。

六月九日、円仁は蘇州の船に乗り組む唐人の江長《こうちょう》、新羅人の金子白《きんしはく》らからの書状を受け取った。その書状には、春大郎（春日宅成）や神一郎（大神巳井）らは、明州の張支信（以下、張友信と記す）の船に乗って帰国したという情報が記されてあった。この船は、去る閏三月十日に円仁が帰国するために乗ろうとし、登州を発ち楚州に着いた六月五日に、その船は、すでに明州を出帆したあとであることを知った曰《いわ》くつきの船であった。

もし円仁が、この張友信の船に乗り込むことができたならば、およそ二年前の会昌五年（八四五）七月五日の日記に、「特に円載上人の消息を問うに、人の知り示すもの无《な》し」と円仁が書いた消息不明の円載の最新の動静を聞くことができたはずであった。この船には、円載の傔従の仁好《にんこう》が乗船していたからである。

## 張友信の船の来着と帰国の人びと

正史《せいし》である『続日本後紀』の承和十四年（唐の大中元年、八四七）七月辛未（八日）条に、

天台留学僧円載の傔従仁好及び僧恵蕚《えがく》等、大唐自《よ》り至り、円載の表状を上奏す。唐人の張友信等、卌七人同乗して来着す。

とある。

明州の張友信の船に乗って日本に帰ってきたのは、さきにみた春大郎（春日宅成）や神

一郎（大神巳井）らばかりではなかった。円載の傔従仁好は、円載の表状を上奏するため入唐僧恵蕚とともに同じ船に乗って、またまた帰国してきたのである。仁好が円載の指図《さしず》で帰国したのは、承和十年（唐の会昌三年、八四三）十二月につづく二回目のことであった。

## 円載の表状

円載が傔従の仁好に持たせて朝廷に提出した表状の、ごく一部の文章は、『続日本後紀』承和十五年六月壬辰の条に載せている「太政官牒」のなかに引用されている。それは、「円載の表款《ひょうかん》を省《み》るに」として、「容服《ようふく》変更し、心事艱阻《しんじかんそ》なり。然れども自強《じきょう》して息《や》まず。数年留《とど》まることを乞う」と記している箇所が、ほぼ円載の書いた表状の文章の一部とみなしてよい。

まず「容服変更し」とは、作法にかなった僧侶の服装を変えたこと、つまり還俗したことをいう。円載も会昌の廃仏のために僧衣を脱いで俗人となったことを、円載自身が明確に語っていたのである。次に「心事艱阻なり」とは、人には言えない悩みと苦しみを身をもって感じたことを意味している。唐で吹き荒れた廃仏のために円載も言いあらわせない労苦を身に受けたのであった。

しかし円載は、「然れども自強して息まず」と自己を奮い立たせる。「自強して息まず」

の語句は、『易経』乾《けん》に、「君子以て自強して息まず」とあり、また『孔子家語《こうしかご》』五儀解に、「行を篤《あつ》くし道を信じ、自強して息まず」とあるのを典拠とする。「自強して息まず」とは、自《みずか》ら努め励んで怠らないことをいう。このように円載は述べて、さらに数年の留学を許されるように請願した。円載が「自強して息まず」の語句をもちいているところに儒書にも精通していたといわれる円載の才学の片鱗《へんりん》があらわれている。

## 勅書と高階遠成

円載の上表に対する仁明天皇の勅は、温情あふれる言葉に満ちていた。

およそ人間の心は、みな故郷を慕い思うものである。求法のために努めるのでなければ、誰が遠い辺境の地を好むであろうか。なすべきことの成果をあげるためならば、帰るまでの長い年数など厭《いと》うべきではなかろう。また暴風と激しく逆巻く潮《うしお》を乗り越え、遠方から来て珍しい品物をもたらしてくれたが、物品はどうして頼《たよ》りになるものか、ただ汝《なんじ》の真心《まごころ》を嘉《よみ》するのみであると述べる。そして勅文は、

宜《よろ》しく遠成《とおなりら》等の還次《かんじ》に因《ちな》み、此の意を知ら令む。裁《はか》りて金物を賜い、以て旅資《りょし》に充つべし。

と結んでいる。

この文にみえる「遠成等」とは、いったい誰のことを指して言っているのか。もちろん

最澄や空海らが入唐した時の遣唐使の判官高階《たかしなの》真《ま》人《ひと》遠成《とおなり》（七五六〜八一八）らのことである。

**高階遠成をめぐる故事**

高階遠成は、藤原葛野麻呂《かどのまろ》（七五五〜八一八）を大使とする延暦の遣唐使の判官として第四船に乗って渡唐した。延暦二十三年（八〇四）七月六日、遣唐使の四船は、そろって肥前国松浦郡の田浦《たのうら》（長崎県南松浦郡玉之浦町）を出帆した。ところが遠成が船頭《ふねのかみ》として乗り組んだ第四船は、判官三棟今嗣《みむねのいまつぐ》を船頭とする第三船ともども行方不明になってしまった。いずれも暴風雨に遭遇したためである。行《ゆき》き方《がた》が知れなくなった遠成の第四船は、その後、どのような経過をたどって唐にたどり着いたのか、はっきりしていない。がともかく遠成は、唐の元和元年（日本の延暦二十五年、八〇六）正月二十八日に、中大夫試太子中允《ちゅうたいふしたいしちゅういん》という官を授けられている。時の皇帝憲宗《けんそう》（在位八〇五〜八二〇）の勅には、「日本国使判官正五品上、兼行鎮西府大監高階真人遠成等、其の君長の命を奉じ、我が会同の礼に趨《おもむ》く。溟波を越えて万里、方物を三険《さんけん》に献ず。宜《よろ》しく褒奨《ほうしょう》すべき所なり。並びに班栄《はんえい》（朝廷の栄えある官職のこと）を錫《たま》わん」とある。

憲宗の勅文によると、「方物を三険に献ず」とあるので、高階遠成の第四船にも「方物」、すなわち唐の皇帝に進上する日本の特産物が積載されていたのである。なお「三険」というのは、危険を乗り越えてという意味である。

すでに遣唐大使の藤原葛野麻呂は、唐の貞元二十年（日本の延暦二十三年、八〇四）十二月二十四日に国信物、別貢物を皇帝徳宗（在位七七九〜八〇五）に進め、「卿等《けいら》、遠く慕《した》いて朝貢す。奉進する所の物は、極《きわ》めて是れ精好《せいこう》（すぐれてよいこと）なり。朕《われ》は殊に喜歓す。時に寒し。卿等、好在《こうざい》なれ（健康であられよ）」との勅宣を賜わっていた。それにもかかわらず、遠成は、重ねて国信物（日本からの貢献物）を献上したのであった。国信物は、大使の乗る第一船にかぎらず、遣唐使の四船すべてに分載されていたのである。その一端を示しているのが、遠成の乗った第四船とともに行方不明となった第三船の積み荷についてである。

遣唐使第三船の漂着の情報が大宰府から伝えられたとき、「使命は国信を以て重と為し、船物は人力を須《ま》って乃《すなわ》ち全《まった》しと」という勅が発せられ、官私の雑物を放置して船から離れてしまったことに対して罪を科すことを命じている。

この勅文にみえる遣唐使の「使命は国信を以て重」とする認識は、「国信」、すなわち中国の羅竹風主編の『漢語大詞典』のいう「国家間が送る贈り物」を重《おもん》じることである。だからこそ、当初行方不明となった高階遠成の乗る第四船は、遅ればせながら唐に着くやいなや、遠成は長安へ行き、第四船に搭載されていた皇帝への貢物を献上し、遣唐使としての重要な使命を果たしたのである。

**円載の滞在延期を許可**

円載にあたえた勅に、「宜しく遠成等の還次に因み」とあるのによれば、高階遠成が、第四船の漂流によって遣唐大使藤原葛野麻呂の唐の朝廷への参内《さんだい》から一年余りおくれて内裏に参上することになったため、帰国が遅延することの承認と旅費の支給とを申請し、それに許可をあたえた先例があったのであろう。それと同様な扱い方をすることを円載に認めたのである。

その勅を引いた「太政官牒」は、「勅に准《じゅん》じて、更に数年住《とど》まることを聴《ゆる》し、兼《かね》て黄金一百小両を賜う。宜しく之を領《うけ》るべし」と円載に伝えている。

晴れて円載は、さらに数年、唐に留まることが許され、あわせて黄金一〇〇小両を賜わることとなった。さきにみたように円載は、傔従の仁好らを日本に遣わし、承和十一年（唐の会昌四年、八四四）七月二日に、円載と円仁に対し、それぞれ黄金二〇〇小両を唐に帰る仁好に託して賜わったことがあった。正史に記録されている円載への旅費支給は、これら二回にわたっている。さらに円載が会昌元年（八四一）十二月十八日に円仁に宛てて書いた手紙によると、遣唐大使藤原常嗣の死や淳和上皇の崩御のことなどとあわせて、僧玄済が日本から持参した金二四小両のことにふれてあったようであるから、このときも円載は、本国と連絡をとり、なんらかの要請をした可能性がある。

このように円載には、しばしば故国との連絡をたもち、また旅費の支給を懇請するなどの行動が目立っている。遣唐留学僧円載のこうした行為は、金銭目当てのものと疑われかねないが、故国日本とは、あくまでも連絡を維持するという円載の生まれながらの積極的な性格として、見逃すことはできない。

## 円仁の帰国

同時に請益僧円仁のほうは、すすんで故国と連絡するようなことはしなかった。いな、連絡しようにも巡礼に明け暮れ、また受法に励み、廃仏に揺れる長安にいては、そうた易《やす》くはできなかった。それに反して円載の行動圏には、日本への通交船が出入港する明州や越州の地があった。円仁は帰国のため長安を出立《しゅったつ》して、日本に面する揚州などの地にまで達したものの、日本への帰国船の便を求めて、席の暖まる間もなく揚州から楚州、海州、登州へと動きまわっていた。したがって日本との連絡をとる暇《いとま》もなく、また、そうする必要も、もはやなくなっていた。会昌六年（八四六）十月二日、円仁は、前年に日本から円仁を探し求めて渡来し、揚州から登州に来た門弟の性海に会い、性海から「太政官牒」や延暦寺などからの書状、および勅によって下賜された黄金を受け取っていたからである。このとき円仁が入手した黄金は、承和十一年（唐の会昌四年、八四四）七月二日、勅賜された黄金一〇〇小両（円載にも同額）であったろう。

円載に対し、仁明天皇の勅によって、さらに数年、唐での滞在許可と黄金一〇〇小両の下賜とがあった承和十五年（唐の大中二年、八四八）六月五日の二ヵ月余り前の三月二十六日、前年十月、新羅の商船に乗って博多に一〇年ぶりに帰国した円仁は、弟子僧の惟正や性海らをともなって平安の都に姿をあらわしたのである。円仁は、会昌五年（八四五）七月五日の日記に、「特に円載上人の消息を問うに、人の知り示すもの无《な》し」と記して以来、三年余り経って円載の消息を耳にし、円載が唐で健在でいることを知って欣喜《きんき》にたえなかったであろう。

# 円載と円珍の出会い

# 円珍の入唐と円載

## 円載への位記

その昔、延暦寺において円載と座席をならべていた仲であるという円珍が、唐へ行くため平安京を出立したのは、嘉祥四年（八五一、この年四月二十八日に仁寿《にんじゅ》と改元）四月十五日のことであった。大宰府へ向かう途中、円珍は母方の伯父道雄《どうゆう》（?～八五一）を都からそれほど遠くない木上山《このかみやま》の海印寺《かいいんじ》（京都府長岡京市奥海印寺）に訪れた。道雄は、この年六月八日に寂滅《じゃくめつ》しているので、永《なが》の別れとなるかもしれないと思って、円珍は病の床にある伯父道雄を見舞ったのであろう。

円珍が海印寺に滞在していたとき、都からの使者が、在唐中の円載に伝燈大法師位の僧位を授ける「勅牒」を届けに来た。その「勅牒」は、次のようなものであった。

唐留学問僧円載。

右、伝燈大法師位を可《ゆる》す。

勅すらく、久しく神洲《しんしゅう》（中国のこと）に在りて、勤《ねんご》ろに聖道《しょうどう》を求む。音塵《おんじん》（音信）は渺邈《びょうばく》として、歳月は争陳《いやとお》く、其の艱苦《かんく》を念《おも》えば、冲襟《ちゅうきん》を軫《いた》ましむるもの有り。宜しく風信を蹻行《きょうこう》（使いの者）に仮《あず》け、寵章《ちょうしょう》（褒賞の文書）を杯度《はいど》（船の便）に寄《たく》すべし。主者《つかさどるもの》施し行なえ。

この「勅牒」には、円載が長いあいだ唐にあって、心をこめて悟りの智慧をうる道を求めているが、便り（原文の「音塵」は、これまで「音歴」と判読されてきているが、石山寺所蔵の古写本で確かめてみると、あきらかに「音塵」とある）は、久しいあいだ隔てられており、歳月は、ずいぶんと経ってしまっていることを述べたうえで、円載の甚だしい労苦や難儀《なんぎ》のさまを思うと、心が痛むと、ねぎらいの言葉をかけ、便りを使いの者にあずけ、褒賞の文書を船の便に託するとの願いを込めて、円載に伝燈大法師位の僧位を授けることを認可すると記されていた。

円珍は、この「勅牒」を円載への最大の贈り物として携え、心いさんで大宰府へと向かった。

### 円珍の渡航

円珍は、平安の都を出発してから三九日目の五月二十四日に大宰府に到着した。この間、年号は嘉祥から仁寿へと改元されていた。

ところが円珍が予定していた唐へ渡航する船は、すでに出帆したあとであった。円珍が目当てにしていた船は、唐の商人張友信の船であった。張友信の船は、四年前に円載の傔従仁好らを乗せて日本に来航した船であった。

この船に乗り込むことができなかった円珍は、これから二年余り、大宰府の北方に位置する城山《しろやま》の四王院《しのういん》（福岡県糟屋《かすや》郡宇美《うみ》町大字四王寺《しのうじ》）で便船を待つことになった。

仁寿三年（八五三）七月十五日、円珍一行は、唐の商客である王超《おうちよう》、李延孝《りえんこう》らの船に乗ることになり、翌十六日に博多を出帆し、いよいよ目指す唐へ渡航する時が到来した。

### 四王院滞在中の円珍

城山の四王院に滞在している間、円珍は『大毗盧遮那《だいびるしやな》経指帰《きようしいき》』（『大日経指帰』）と『大毗盧遮那成道心目』（『大日経心目』）の二著を撰述した。

前著の『大毗盧遮那経指帰』は、円載とのかかわりで見すごすことのできない著述である。なぜならば、この著述の冒頭において、円載が天台山で決答を求めた「唐決」の批判が展開されているからである。

本書は、「序」につづいて、「出他問答」「建立自義」「摠判釈」の三部立《だ》てになっており、円珍が唐への渡航を前にして、「唐朝の老宿《ろうしゆく》」、すなわち唐の目上《めうえ》で高徳の僧侶たち、具体的に言えば天台山禅林寺の広修や国清寺の維蠲《ゆいけん》らの教説を強く意識して撰述したものであった。それと同時に、「本国の幼童《ようどう》」、すなわち日本の仏教教理に疎《うと》い僧侶たちを覚醒《かくせい》させる意図をも含ませた意欲的な著述であった。

是に於て、唐朝の老宿は、醍醐《だいご》を生蘇《しようそ》に貶《おと》し、本国の幼童は、甘露《かんろ》を毒乳《どくにゆう》に濫《ひた》し、遂に平等の淳味をして差別の雑血に混《まじ》え、久成《ぐじよう》の師子《しし》（久しく遠い昔に真実の悟りを成就した仏）をして未化《みけ》の羝羊《ていよう》（いまだ教化されていない愚かな者）に同《おな》じからしむ。私《ひそか》に此《ここ》に此《かく》の如《ごと》きを悲しみ、心を刺《せ》めて息《や》まず。言《ここ》に而《すなわ》ち鯁戚《こうせき》（胸がふさがり憂えること）罷《やす》めんとするも能《あた》わず。……冀《こいねが》わくは、両方の学輩《がくはい》をして、一道《いちどう》の指帰《しいき》（悟りに至るための清らかで一つの道の教えの帰するところ）を知ら俾《し》めんことを。

これは、「序」の結びの言葉である。ここには、渡唐を前にしての円珍の「両方の学輩」、すなわち唐と日本両国の学僧を念頭においた気負いと気概とが如実にあらわれている。

さきにもふれておいたように、比叡山延暦寺の学徒は、『大毗盧遮那経』が、いずれの部、いずれ時《じ》、いずれの教に収まるのかという問題が、大きな関心事であった。またこの疑問とならんで、『大毗盧遮那経』は、『法華経』の前説なのか、もしくは後説なのかということが、大きな問題であった。

## 天台山の広修と維蠲の決答

天台山禅林寺の広修の決答は、『大毗盧遮那経』は、第三方等時《ほうどうじ》に属し、したがって『法華経』の前説であるというのであった。『法華経』は、『涅槃経《ねはんぎょう》』とならんで釈尊《しゃくそん》生涯の最後の八年間に釈尊が説法したという法華涅槃時に属するものである。広修は、釈尊が小乗経の説法を終わって、『維摩経《ゆいまぎょう》』『勝鬘経《しょうまんぎょう》』など大乗経をはじめて説いたという方等時に『大毗盧遮那経』を属させる見解を示した。したがって広修は、『大毗盧遮那経』を『法華経』の前説としたのである。

国清寺の維蠲もまた、その決答において、「謹んで経文を案《かんが》えるに、方等部《ほうどうぶ》に属す。声《しょう》聞《もん》、縁覚《えんがく》（声聞は釈尊の声を聞いて悟る弟子、縁覚は仏の教えによらないで、単独に悟った者、この二つを二乗という）を被むらしむる故に、不空羂索《ふくうけんじゃく》、大宝積《だいほうしゃく》、大集大方等《だいじゅうだいほうどう》、金光明《こんこうみょう》、維摩《ゆいま》、楞伽《りょうが》、思益等《しやくなど》の経と同味《どうみ》なり」と述べ、『大毗盧遮那経』は、『不空羂索神変真言《ふくうけんじゃくじんぺんしんごん》経《ぎょう》』『大乗宝積経《だいじょうほうしゃくきょう》』などの大乗経典と教えの趣旨が同じであって、第三方等部に属すると明快に説いた。

唐の天台宗では、日本の天台宗のように密教を包摂《ほうせつ》しているわけではなかったから天台山禅林寺の広修や国清寺の維蠲たち「老宿」が、『大毗盧遮那経』を第三方等時に収めるのは当然なことであった。したがって、この解釈をとらえて唐の天台宗が日本のそれよりも保守的であるとか、または遅れているとかと評することはできない。

## 円珍の「唐決」批判

しかし円珍にとっては、『大毗盧遮那経』が、『法華経』の前説で、第三方等時に属するという見解には我慢のならないことであった。密教を包摂した日本天台宗の学徒として、『大毗盧遮那経』を『法華経』と同等の第五法華涅槃時のものとして理解したかった。

したがって円珍は、「唐朝の老宿は、醍醐を生蘇《しょうそ》に貶《おと》し」たと、広修や維蠲の所説を批判するのである。この比喩《ひゆ》は、天台宗で最高のものを醍醐《だいご》、次を熟蘇《じゅくそ》、その下を生蘇《しょうそ》、次を酪《らく》、そして最低、最初のものを乳《にゅう》とすることにもとづいている。牛乳精練の次第にしたがって言えば第一華厳時《けごんじ》を乳、第二阿含時《あごんじ》を酪、第三方等時《ほうどうじ》を生蘇、第四般若時《はんにゃじ》を熟蘇、そして第五法華涅槃時《ほっけねはんじ》を醍醐とするのを、円珍は巧みに比喩的にもちいて表現したのである。つまり円珍の文意は、「唐の広修や維蠲の老宿たちは、第五法華涅槃時に属する最高至上の経典『大毗盧遮那経』を、第三方等時に貶《おと》した」というのである。円珍は、『大毗盧遮那経指帰』を引っ提《さ》げて唐に渡り、天台山の学僧たちの意見をあらためて問いただそうとした。もちろん円珍は、同時に天台山で再会できるであろう留学僧の円載にも、自己の見解を呈して、円載の考えを訊こうと勢い込んでいた。

## 円載からの書状

仁寿三年（八五三）七月十五日、博多を発ってから一ヵ月ほどたって、円珍は唐の福州連江県（福建省連江県）に無事到着した。福州は、かなり南方に位置する。それは円珍の乗った船が、今日の台湾に擬せられている琉球国《りゅうきゅうこく》に漂着したためである。

円珍は、福州から温州の江口鎮（浙江省平陽県江口関）を経て台州の開元寺に入ったのが十一月二十六日、台州を発って天台山に向かったのが十二月九日、台州から舡《ふね》で霊江（澄江）をさかのぼり、その日から五日目の十三日に天台山国清寺に到着した。

その二日前の十二月十一日、円珍一行が、なお始豊渓《しほうけい》（天台県の西の大盆山から発し、霊江に注ぐ渓流）の舡のなかにいたとき、円珍は、円載が行者《あんじゃ》（寺院で雑用に使われる者）の陳宝《ちんぽう》に持参させた書状を受け取った。円珍は、その日のことを『行歴抄《ぎょうれきしょう》』に、「(大中七年（八五三）十二月）十一日。食時《しょくじ》（朝食中のこと）に、日本の留学《るがく》円載、行者《あんじゃ》陳宝を差《つか》わして、書を送り来り到る」と記している。

円載の書状に、どのようなことが記載されていたのか、円珍は、日記に書状の内容については、なにも書きとめていないので、まったくわからない。そのころ円載は、越州の剡《えん》県《けん》（浙江省剰《じょう》県・新昌県）に居住していた。おそらく円珍は、台州開元寺に滞在していたおよそ半月の間に、円載の消息を耳にして、剡県にいる円載に天台山国清寺で会いたいという連絡の手紙を送ったのであろう。

円載が承和三年（八三六）五月、円仁とともに難波津を出帆してから一七年の歳月が過ぎ去っていた。「五十にして天命《てんめい》を知る」年齢に近づいていたと思われる円載は、どのような姿で、円珍の前に姿をあらわすことになるであろうか。

# 国清寺での円載と円珍

## 円載の風貌と態度

大中七年（八五三）十二月十四日は、円載が国清寺にやって来る日であった。円珍は、朝からそわそわしていて落ち着かなかった。比叡山で唐に渡る円載を見送ってから一七年、はるばる危険を冒して大海を渡って来て遠い異国の地で会う奇縁に、円珍は期待で大きく胸を躍らせていた。

朝食をとるのもそこそこに、食堂《じきどう》から宿房にも戻らないで、円珍は国清寺の南門に走って行った。なにかしら円載が、やって来るような気持ちに駆られたからであった。

円珍が南門からながめてみると、門の前方にある橋（宋代以降、今日まで豊干橋と称する）の南の松並木路を馬に乗ってやって来る法師が目に入った。橋の南側で馬を下り、笠をぬいだ法師は、まさしく円載であった。円珍は南門を飛びだしていって、橋の北側のところで円載と面接した。円珍は礼拝して涙を流して喜びを全身にあらわした。

ところが円載のほうは、悦ぶ素振《そぶ》りもみせなかった。円載の顔は、真っ黒で、心に鬱屈《うっくつ》したものがあるかのように円珍には感じられた。

円珍は、久しぶりに見た円載の容貌や、接した態度に当惑し、不審に思った。もしも同国人ならば、たとえ知らない人でも、遠い異国で出会ったら、肉親よりも親《した》しみを感じるはずである。まして円載と円珍とは、その昔、延暦寺で席をならべていた仲ではないか。いま、ここで再会したというのに、円載は、まったく反応をしめさない。円載は人間としての感情をなくしてしまったかのように円珍には思えた。円珍は、「おかしい、おかしい」と繰り返し胸のなかでつぶやいた。

### 「惣て日本語を忘却したり」

まるっきり予想もしなかった円載の態度に、円珍は心を乱しながら円載をともなって国清寺西院の宿房にもどった。円載の態度は、好《い》い加《か》減《げん》で、味《あじ》も素《そ》っ気《け》もなかった。彼は円珍に、「我は唐の国に在《あ》ること、已《すで》に多年を経《へ》たり。惣《すべ》て日本語を忘却したり」と言い放った。そして円載は、口を噤《つぐ》んでしまった。

夜に入って、円載は、「牒《ちょう》を与て本国の太政官《だいじょうかん》に送り、王（天皇）の勅に因《よ》らざれば、人を令《し》て来《き》たらしめざれよ」と円珍に説いた。おそらく「惣て日本語を忘却したり」と宣言したあとなので、円載は筆談でもって、こう語ったのであろうか。

これに応えて円珍は、「たいへん良いことだ、たいへん良いことだ」と相槌《あいづち》を打った。しかし、そうは応えたものの円珍は、内心痛《いた》く傷ついたに違いない。円載のその言葉は、円珍にとって、きわめて衝撃的《しょうげきてき》であった。

円珍は、唐に渡るにあたって証明書として円珍を伝燈大法師位に叙する「中務位記」と、内供奉持念禅師に補任する「治部省牒」を携えてきたが、入唐求法《にっとうぐほう》させるという「勅牒」にかかわる文書は、手にしていなかった。円珍は、歴《れっき》とした遣唐留学僧である円載とは違って、一介《いっかい》の私的な入唐求法僧でしかなかった。円載が円珍に投げつけた言葉の裏には、「お前は、天皇の勅に因《よ》らないで唐にやって来たではないか」という円珍にとっては、けっして耳にしたくない嫌味《いやみ》が籠められていた。

円載のこの一言は、円珍が円載に対して悪感情をいだくに至る決定的なものとなった。これを切っ掛けとして、円珍は、ことごとに円載の言動について、悪しざまに非難攻撃することになる。

## 黄金五千両とは法外

その夜、さらに円載は、「ある人が言うのによると、円珍は五千両の金を持ってきたというではないか」と言った。円珍は、これに応じて「金に何《なん》ぞ限有《あだあ》るや（金になにか、うらみでもあるのでしょうか）」と言い返した。

しかし、はたして円載は、黄金五千両という法外な金額の話を、円珍に持ちだすであろうか、疑問である。「ここに五千両の黄金とは余りにも巨額となり、荒唐の言ではあるまいか」という評言があるが、「荒唐の言」を吐いたのは、円載か、それとも荒唐無稽な言を故意に記したのは円珍か、この評言からは知ることができない。

円載は、かつて二度にわたり傔従の仁好を日本へ送って、それぞれ黄金一〇〇小両を旅費として手に入れている。黄金一〇〇小両は、けっして少額ではない。現に円珍は、時の右大臣藤原良房（八〇四〜八七二）から智者大師智顗《ちぎ》の影像《えいぞう》への送供料として砂金四〇両を託され、またその弟で参議の藤原良相《よしみ》（八一三〜八六七）から旅費として砂金三〇両を施《ほどこ》されている。これらの金額は、かなりの値打ちがあった。藤原良相から「路粮」として賜わった砂金三〇両を円珍は、材木の購入費にあてて、国清寺止観院に止観堂などを建造した。堂舎を建てる用材を購入するのにあてた費用砂金三〇両と円載が口にした黄金五千両とを比べてみれば、黄金五千両がいかに莫大な金額であるかが理解できる。したがって、円載が黄金を喉《のど》から手が出るほど懐《ふところ》にしたいと思っていたにしても、五千両という大金を口にするはずはない。また、それが冗談であったにしても、そのような巨額を吹っ掛けるとは思われない。円珍の記述を信用するわけにはいかない。まったく現実味のない話なのである。

## 伝燈大法師位の位記を手にして

翌十二月十五日、昼食をすませてから円珍は、円載を国清寺の大師堂《だいしどう》（天台大師智顗《ちぎ》の影像を安置する御堂）の前に誘《さそ》った。円珍は、そこで円載を伝燈大法師位に叙する位記の「勅牒」を袖《そで》から取りだして円載に手わたした。

そのとき、円珍は、得々《とくとく》としてこの「勅牒」を発行してもらうのに尽力したことを円載に語り、その経緯《いきさつ》を次のように伝えた。

其の時、藤《とう》の相公《しようこう》（右大臣の藤原良房）に諮《はか》り白《もう》す。珍（円珍）は、恩を蒙《こうむ》るを中《え》て、大唐国に到り、留学《るがく》（円載）に見《まみ》える可《べ》きも、時に相《あ》い送る可きもの无《な》し。乞《こ》うらくは相公《しようこう》、聞奏《ぶんそう》に与《あず》かり、大法師位の牒を賜わらんことをと者《てえ》り。相公答えて曰《いわ》く、此の可憐《かれん》なる好《よ》き弟子よ、聞奏に与《あず》からんと云々。

つまり、円珍は、右大臣の藤原良房に円載を伝燈大法師の位に叙し、それを授ける「勅牒」を発給してもらうよう天皇に申しあげてほしいと要請し、これに良房が応諾《おうだく》したという経緯《いきさつ》を円載に伝えたのである。そして円珍は、二年前の嘉祥四年（八五一）四月十五日に平安京を出発し、海印寺に立ち寄ったとき、後から使者が追いかけてきて、この「勅牒」が届けられたものであると円載に語った。

そのうえで、円珍は、今日、とくに「勅牒」を、ここで差しあげるのだと述べ、「愚《ぐ》（円珍の自称謙辞）が誠《まこと》は、別事にあらず。但《ただ》、闍梨《じやり》（円載）が大師《だいし》（天台大師智顗）の教えを求めて、本国に伝えんと擬《ぎ》し、将《は》たまた先師《せんし》（最澄）に副《そ》わんとすることのみ。珍（円珍）は、更に随喜す可《べ》きこと无《な》し。此れを将《もっ》て誠を表わす」と、付け加えた。

円載は、位記の「勅牒」を受け取ると、捧げ持って戴《いただ》き、喜んで躍《おど》りあがったという。はたして冷静な円載が、そのような仕草をとったであろうか。そして円載は、天台大師の影像を礼拝し、感謝の意をあらわし、円珍に向かって丁寧に礼を述べた。

## 円載の豹変

昨日《きのう》、円珍が再会したとき、円載は、「惣て日本語を忘却したり」と言ったのに、僧位としては最高の伝燈大法師位の「勅牒」を手にしてから以後、がらりと態度を変えた円載は、日本語を話しだした。これについて円珍は、いろいろ言いたいことがあるが、すべて語りつくせないとも言って、円載の豹変ぶりに驚いた様子もみせないで、「此の事の次《ついで》（成り行き）に因りて、具《つぶさ》に此の人の本性《ほんしょう》の未《いま》だ改まざるを知れり」と記して、円載の本性が、まだ変わっていないことがわかったと評している。

円載は、大師堂から円珍にともなわれて僧房にもどった。円珍は、さらに土産物《みやげもの》や、沙金、真綿、絁《あしぎぬ》を円載にあたえると、円載は、ますます喜んで、さまざまなことを語りだした。

## 円載の問いと円珍の批判

円載が、円珍の従者で通訳の丁満《ていまん》（丁勝《よぼろのすぐり》小麻呂）の年齢は、いくつになるのかと問うので、円珍は、丁満は四十九歳になると答えた。すると円載は、けっして一緒に連れて歩いてはいけないと語を強めて語り、やがて丁満は厄年《やくどし》になるから、道中災難にあう怖れがあると、円珍に注意をうながした。まるで円載は、占い師のようであった。

円珍のもとで通訳の任にあった丁満は、もともと承和の遣唐使船の水手《すいしゅ》（水夫）であった。唐の開成三年（八三八）八月一日、円仁は求法のさいの走り使いとして丁満を仕えさせたいと要請し、円仁が帰国するまで一〇年のあいだ円仁の従者となって円仁の唐での求法に力を尽した人物であった。だから当初、円仁と行《こう》をともにしていた円載は、丁満をよく知っていたのである。円載は、一四年ぶりに丁満と顔をあわせたことになる。

円珍は、円載が丁満のことを語ったあとに、「天涯地角《てんがいちかく》にして、此れ自《よ》り已来《このかた》、語るを得たり」と記している。「天涯地角」とは、天のはてと地のすみを意味し、遠く離れていることの喩えであって、白居易《はくきょい》（七七二〜八四六、白楽天）の詩「昆明《こんめい》の春」にも「天涯地角」の語句が使われている。円載は、前日には「惣て日本語を忘却したり」と言って黙り込んでしまったのに、今日は一転して、丁満を連れていっては道中で災難に遭うなどということまで口にしだした。その隔たりの大きさに、円珍は「天涯地角」という比喩をもちいて、円載の変身のすばやさを批判したのである。

**叡山の沙弥や童子にも劣る**

円載に対する円珍の批判、非難は、なおもつづく。あるとき、円珍は円載に対して、試《ため》しに天台の教義について質《ただ》してみたところ、まったく話しにならなかった。それ以後、円珍は円載と論じあうのをやめてしまい、けっして話しをかわすことをしなくなったという。そして円珍は、円載について、次のように書いている。

珍（円珍）の心は、惆悵《ちゆうちよう》（失望すること）たり。山宗《さんしゆう》の留学《るがく》（円載）、何《なに》に因《よ》りてか此《かく》の如《ごと》きや。貞元の年の留学円基《えんき》、佯《いつわ》りて眼疾《がんしつ》と称し、便《すなわ》ち本国に帰りて、外州県《がいしゆうけん》の綱維知事《こういちじ》と為《な》り、宗徒を恥辱《ちじよく》せり。今度《このたび》の円載の見解已《すで》に爾《しか》り。恐らくは徒衆《としゆう》を辱《はずか》しめ、都《すべ》て利益《りやく》すること无《な》し。既《すで》に叡山の沙弥《しゃみ》、童子《どうし》の見解にも及《およ》ばず。況《いわ》んや僧侶に於てをや。嗚々呼々《ああああ》。

円珍は、円載の見解は比叡山の沙弥や童子の見解にも及ばないと、痛烈な批判を加えている。だが、はたして円載の天台宗の教義についての学識は、円珍の非難するような低劣なものだったであろうか。

円珍は唐へ渡る前に、城山の四王院で、天台山禅林寺の広修や国清寺の維蠲の見解への批判を『大毗盧遮那経指帰』で展開した。これを引っ提《さ》げて円載の前にあらわれた。円載に会うやいなや、おそらく円珍は、広修や維蠲から決答を受けた円載に『大毗盧遮那経指帰』で論じた天台山の「老宿」への批判と同様な議論を吹っ掛けたに違いない。

故国の情報を知りたい円載の気持ちも察しないで、その昔、円載が天台山で受け取った「唐決」をめぐる自己の見解を、円珍は弁舌もよどみなく述べたて、あわせて円載の意見を問い質《ただ》してきたのではないか。息もつかせず、つづけざまに激しく議論を捲《まく》したてる円珍に閉口《へいこう》した円載は、あまりの煩《うるさ》さに「惣て日本語を忘却したり」と咄嗟《とっさ》に日本語を話すもどかしさも手伝って口にだしてしまったのであろう。それからも再三にわたる円珍の天台義目の議論に辟易《へきえき》して、円載は、好《い》い加減《かげん》なおざなりの返答をしたのであろう。円載は、愚者をよそおって円珍のしつこい議論を躱《かわ》そうとした。それを円珍は、まともに受け取って「叡山の沙弥、童子の見解にも及ばず」と円載を貶《けな》したのである。

**円載の悪業のかずかず**

円載が天台山に来てから一〇日余りが経った。その間、丁満を呼びだして、円珍が、いくらぐらい金を持ってきているのかを聞きだそうとしたり、あるいは小師《こじ》（円珍の従僧の豊智、もしくは閑静《かんじょう》）を呼んで、ひそかに円珍の所持金の金額を訊ねたりした。

さらに円珍は、円載の悪業《あくごう》のかずかずを書きならべている。すなわち円珍は、天台山の衆徒の証言として、円載は日本人に会うと、すべて敵視してしまうと驚くべきことを記している。そして、

㈠会昌《かいしょう》三年（八四三）に、本国の僧円修と恵運が天台山に来て、つぶさに円載が尼僧を犯したことを知ったこと。

㈡僧の道詮和上《どうせんかしょう》の語ったところによると、円修は道心《どうしん》（仏道を求める心）があって、多くの材《さい》（智恵）と学《がく》とがある人物であったが、禅林寺に滞在していたとき、円載が、しばしば寺を抜けだすのを見て、声をあげて大いに嘆《なげ》き悲しみ、朝廷が糧食をあたえ延暦寺の徒衆が学を終えて、寺に帰り、仏法を流伝させるのを待っているのに、どう

して修業しないで、こうした悪業《あくごう》を行なっているのか、歎《なげ》かわしいことだと歎息したということ。

㈢円載は、円修が自分の行為を歎いたことを怨《うら》み、円修が天台山から明州へ出立したあと、円載は新羅人の僧を雇って、毒薬をもたせ、円修のあとを追わせ、円修を殺そうとした。しかし、円修が舡《ふね》に乗って発《た》ち去ってから日が経っていたので、事は成功しなかった。新羅人の僧がもどってきて、円修を追跡したけれども、追いつくことができなかったと報告した。円載は、ああ憎らしい、憎らしいと言ったということ。

などを詳細に記している。

円珍が、このようにながながと円載の悪業を書きたてていることについては、すでに会昌三年（八四三）における円載をめぐる風聞として記しておいた。そして円載の天台山でのこうした「ふしだら」な行動が事実あったのかについて疑問をなげかけておいた。円載の天台山における不行跡が事実を伝えるものでないことは、円載の身持ちの悪さを詰《なじ》り、かつ悲歎した円修と円珍との関係から解きあかすことができる。

## 円珍と円修の関係

円珍の師は義真（七八一～八三三）であった。円修もまた義真の門弟であった。したがって円修と円珍とは兄弟弟子の関係にあった。

師の義真が天長十年（八三三）七月、入滅すると、義真の生前、座主職である伝法師の後継者として円修を推していたとし、義真のあとを円修は継承しようとした。ところが最澄直系の円澄（七七二〜八三七）一派は円修を排斥し、やむなく円修は比叡山を去って室生山《むろうさん》（奈良県宇陀郡室生村）に移った。その後、承和九年（唐の会昌二年、八四二）八月に入唐し、翌年、唐の会昌三年の初め、天台山の禅林寺僧広修から戒を授けられた。

円修が唐から帰国したのは、円珍の『山王院蔵』（『山王院蔵書目録』）所載の『冥道無遮斎文《みょうどうむしゃさいもん》』一巻のもとに、「故修大徳の本、承和十一年、唐従《よ》り将来せり」と記されているので、承和十一年（唐の会昌四年、八四四）のことであった。「故修」とは、亡き円修のことである。

唐から帰った円修は、出雲寺（京都市上京区上御霊竪町）に居住し、円珍も唐から帰国し、平安京に入ったとき、まず出雲寺に寄寓し、二〇日余り、この寺に滞在してから延暦寺に向かっている。円珍が出雲寺に入ったのは、円修との関係からであろう。

円珍は、円修が唐から将来した『冥道無遮斎文』一巻を入手しているばかりでなく、円修が、おそらく天台山禅林寺で書写したものと思われる『大毗盧遮那経字輪品梵字』一巻も蔵書のなかに加え入れている。

義真の同門ということで、円修と円珍は、たとい円修が延暦寺から追われた以後にあっても、両者には深いつながりがあったとみるのが自然であろう。現に円珍は、円修のことを「家兄修大徳」と親しみと尊敬の意をこめて呼称し、また渡唐を前にして城山の四王院から円修に八幡明神、文徳天皇をはじめ、当時の顕官の息災安穏のために『法華経』『金剛般若経』などを転読したことを報じている。

円修が唐より帰ってきたころ円珍は、一二年の籠山《ろうざん》が明けていた。すでに籠山中に入唐求法の志《こころざし》を立てていたから、帰国直後の円修に会って、唐なかでも天台山の最新情報を聴きだしていたに違いない。もし会昌三年、円修が天台山で円載の不届《ふとど》きな行動を見聞きしたことが事実であったとしたならば、当然帰国後に円修は、円珍に円載の身持ちの悪さを語ったはずである。また円修がそうしたことを直接、円珍に話さなかったとしても、円載の唐における破戒行為は、噂《うわさ》となって円珍の耳にも達していたであろう。口さがない人びとによって、噂は増幅されて急速に知れわたるものである。

ところが円珍は、なにごともなかったように、入唐求法を前にして、円載に伝燈大法師位を叙するよう右大臣の藤原良房に要請し、その「勅牒」を平安京出発直後、立ち寄った海印寺において使者から受け取っている。もし円珍が円載の悪業を聞知していたならば、円載に僧位としては最高の伝燈大法師位に叙するよう推薦するはずはなかった。

またどうして天台山国清寺で円載と再会した円珍は、その日のうちに、日本から携えてきた円載にとって、もっとも大事な授位の「勅牒」を手渡さずに、翌日に持ち越したのか不可解である。円載の打切棒《ぶっきらぼう》な態度に唖然《あぜん》とした円珍が「勅牒」を出しそびれてしまったとも考えられる。しかし、円珍のそうした行為は、どうも不審である。

**真相は別の記述にみえる**

円珍は、貞観五年（八六三）三月七日、「請入唐求法公験」を記述させ、その初稿本に円珍みずからが手を入れたものがある。初稿の草案には、

十四日、留学僧円載法師、越州従《よ》り国清寺に来り、相《あ》い接して喜び慰《なぐさ》む。

とあったのを、円珍は「法師」の二字を抹消し、次のような文を書き入れている。

即ち大師《だいし》（天台大師）の影堂《えいどう》の前に於て、本朝が勅授せる伝燈大法師位の牒をば授け与え畢《おわ》んぬ。円載は捧げ戴きて歓《よろこ》び躍《おど》ること具《つぶさ》に彼の謝表の如し。

右の文中の「授け与え（授与）」と「畢んぬ（畢）」とを抹消し、その再稿の本文には、円珍の書き入れを組み入れて、

十四日、留学問僧円載は、越州従《よ》り国清寺に来り、相い接して喜び慰《なぐさ》む。即ち以て本朝が勅授せる伝燈大法師位の牒をば分《あた》え付《わた》す。円載は捧げ戴きて歓《よろこ》び躍《おど》ること具《つぶさ》に彼

の謝表の如し。

とある。初稿の「留学僧円載」が再稿では「留学問僧円載」と記され、本文に組み入れた文章では、「即ち」の下の「大師の影堂の前に於て」の文が削られ、「以て」の字句に変え、「授け与え」が「分《あた》え付《わた》す」に改変されている。

いずれにしても、これらの文書は、入唐求法の「公験」の下付を申請するものなのであるから、円載の行状《ぎょうじょう》を悪しざまに詳しく記した『行歴抄《ぎょうれきしょう》』とは違って、簡明な記述を要する。

しかしながら入唐求法の「公験」の下付を申請する文書の草稿に、授位の「勅牒」を手にした円載の歓喜したようすは、『行歴抄』の記述と同様である。だが『行歴抄』にはなく、「公験」を申請する文書に、円珍が「具に彼の謝表の如し」と書いているのは、とくに注目される。記述に詳しいはずの『行歴抄』には、円載についてのこの一事が落とされている。いま円載の「謝表」は残っていないが、授位の勅牒を受けた円載は、当然のことながら「謝表」をしたため、その写しを円珍に渡したのである。

また入唐求法の「公験」申請文書は、円珍と円載が国清寺で再会したその日、つまり大中七年（八五三）十二月十四日に、円珍は円載に授位の「勅牒」を天台大師の影堂前で手渡したかのような書き振りである。とりわけて重要な「勅牒」は、再会した当日に円載に渡すのが自然なことである。『行歴抄』の記述は、真実を語っていないとしか思えない。

円載は、翌大中八年（八五四）二月初旬、越州の剡県《えんけん》に帰っていった。国清寺には一ヵ月半の滞在であった。

## 円載国清寺を去る

別れぎわに円載は、まだ『法華経』の講説を聴いたことがないので、今夏、湖州（浙江省呉興県）の策《さく》阿闍梨のところに行って『法華経』の講説を聴聞したいと思っているが、一緒に聞きに行かないかと円珍を誘った。円珍は、遠い唐に求法に来たのは、要《よう》は聴読することにあるので、もし一緒に聴きに行くことが差し支えなければ、喜んでお伴したいと応えた。円珍は、天台山中では、ちょうど講席が開かれないことを理由にあげていた。策阿闍梨はどのような学僧なのかあきらかではないが、あるいは湖州の法華寺の僧侶であったかもしれない。

ついで円珍は、越州の良諝《りょうしょ》座主の講説を聴読しないかと円載に誘いをかけた。ところが円載は、良諝への悪口を言いはじめた。良諝は以前、敬文とともに恵運から一〇両の金を得て、敬文と怪しからぬ文書を作って、われわれの天台宗を貶《けな》したと円載は語った。だから路上で、たびたび良諝に逢っても、自分は素知《そし》らぬ顔をしているのだと、円載は付け加えた。

円珍は、良諝の行為は一時的なことであって、人の心は完全なものでないことを説いて、円載に、もし越州が近かければ良諝の講説をしばらく聴きに行かないかと再度誘った。円載は、それも悪くはないなと応じた。

円珍が、円載に良諝の講説聴聞をすすめた心配りは、ただ勉学のためであった。しかし、円載が、良諝の講説のことなど知らないようすだったためか、円珍は、円載が多年、剡県に住んでいながら、まったく越州での講説のことを知らないとは、どうしたわけなのかと訝《いぶか》った。円珍は、わざわざ「彼の諝座主（良諝）は、発願して法華経を講ずること百遍、毎年講ずること両三遍を過《こ》ゆ」と『行歴抄』に書きとめている。

### 良諝と敬文の人柄

円載は、越州における良諝の『法華経』講説を知らないはずはなかった。また広修の門弟良諝の人品からみて、同門の敬文とともに日本の天台宗を誹謗するようなことは、とても考えられない。さらに円載が良諝や敬文のことを悪く言ったとも思われない。

良諝は、『円珍伝』で「越州の良諝和尚は、天台宗の智徳《ちとく》なり。才学幽微《さいがくゆうび》（奥深くて詳密なこと）にして、究めざる所《ところ》無《な》し」と評されているほどの碩学《せきがく》であった。また円珍の師兄である円仁について、良諝は、円仁ははなはだ良い師僧なのに、どうして天台山に来なかったのか、円仁を慕《した》っているのだがと円珍に語ったぐらい円仁を敬慕していたのである。

いっぽう敬文のほうは、揚州で円載に会い、天台山へ向かった円載のあとを追って一緒に天台山に行くつもりだと円仁に語ったことがある。また円仁が五台山巡礼のことを、すばやく聞知してか、円載が受け取った禅林寺の広修の決答の写しを五台山に送り届けるという厚意をしめした人物であった。さらに少年のころ天台山で最澄を見かけたという人物でもあって、同門の良諝ともども最澄の創始した日本天台宗を中傷するようなことは、まずありえない。どうも円珍が『行歴抄』に記している、このあたりのことも容易に信じることはできないのである。

# 長安への道

# 越州から潼関まで

円載が天台山国清寺から立ち去って七ヵ月後、円珍は同寺を発って越州へと旅立った。約半月後の九月二十日、越州に到着し、開元寺の天王院に入った。

## 越州の開元寺にて

円珍は、「円載上講は、未だ来らず」と書いているので、円載とは越州の開元寺で落ち合う約束をしていたのである。夕方、円載の使者が来たので円珍は面会した。おそらく開元寺には、しばらく参上できないという円載の伝言を使者はもたらしたのであろう。円珍は円載の使者とともに開元寺の徒衆、ならびに天台座主の良諝《りょうしょ》和尚を訪れ挨拶をかわした。

円珍は、『行歴抄』で円載のことを「日本の留学円載」「留学円載𦬇《ぼさつ》」、そして単に「留学」「円載」「載」などとこれまで表記してきたが、開元寺に着いた日の日記に円珍が、「円載上講」と円載のことを記しているのに注目させられる。「上講」というのは、講席で講師《こうじ》をつとめたことのある僧侶をいうのである。そこで円載は、かつてここ開元寺において講説を行なった経歴を持っていたと考えられる。円珍が開元寺に着いて円載はまだ来ていないかと訊ねると、同寺の僧侶が、「円載上講」のことかと敬意をこめて応えたため、それにひかれて円珍は、日記に「円載上講」と記したのであろう。

円珍は、円載が天台山の国清寺から越州の剡県に帰るさいに、開元寺で良諝《りょうしょ》が『法華経』を講説しているので聴講しないかと誘ったとき、円載は良諝の講説のことなど、まったく知らないふうだったので、円珍が訝《いぶか》ったことがあった。円載は、もちろん良諝が開元寺で『法華経』の講説を行なっていることを知っていたはずである。しかし円載は、知らない振りをした。円載のこうした態度は、国清寺において円珍が天台宗の義目を質《ただ》したさいに、愚かな返答をして、無知な素振《そぶ》りをとったことと共通している。円載は、学識や知識をひけらかすのを嫌ったのである。

年が明けて大中九年（日本の斉衡二年、八五五）となった。春になっても円載は、開元寺に姿をあらわさなかった。

## 円載来たらず

やがて春が過ぎ去り、気温が上昇し、旅をするのが困難な時季になってしまう。円珍は待ち倦《あぐ》んで円載に手紙をだした。円載からの返事には、「どうぞお先きに」とあった。三月十九日、越州の都督から「過所《かしょ》」（通行証明書）が円珍に下付された。長安に向かう円珍一行は、円珍、豊智、丁満、そして的良《てきりょう》の四人なのに、円珍に下付された「過所」には、四十三歳の円珍と、五十歳の丁満の名前しか記されていない。従僧の豊智と行者の的良の二人は、いったいどこにいってしまったのか。この二人には、円珍とは別の「過所」が発給されたとしか考えられない。

円珍と豊智の「過所」が別に下付されたのは、あとで述べるように豊智と円載との関係がからんでいたと考えられる。円載の指示によって豊智は、円珍とは離れて別の「過所」を作成してもらって、長安へ向かう旅にそなえたのであった。

円珍が下付された越州都督府の「過所」には、「八年九月廿日に至りて、越州開元寺に到り、住《とど》まりて聴習せり」と記されてあった。事実、円珍は越州開元寺に到着した翌九月二十一日には、良諝の講席に列なった。天台大師智顗《ちぎ》の『法華経疏』七巻のうちの第四巻の講説を聴講した。また良諝科点の『妙法蓮華経』七巻を書写した。円珍は、のちに入唐求法の「公験」の下付を申請する文書に、「開元寺に於て、天台智者大師第九代の伝法弟子伝法座主良諝和尚に相遇《あい》いて、宗旨を講授せられ、時に旧疑を決し、兼ねて法文を抄し、以て未だ足らざるを補う」と記した。越州開元寺における円珍の求法は、充実した稔り豊かなものであった。

**円載来たる**

円珍が越州を発って蘇州（呉県）に入ったのは、大中九年（八五五）の四月初めころであった。蘇州に着くと間もなく円珍は病気に罹《かか》り、徐公直の宅に寄宿して療養することとなった。

四月上旬、円載が蘇州に姿をあらわした。これから円載と円珍とは、行動をともにすることになる。

四月二十五日、円載は円珍一行とともに蘇州を発って長安へ向かった。それから一一日かかって五月六日、東都洛陽《らくよう》に着き、一泊して磁澗《じかん》に向かい、その後、新安、缺門《けつもん》を経て、三澴《さんごう》や五谷《ごこく》の難所を通って陝州《せんしゅう》（河南省陝県）に到着。そしてかつて円仁が「潼関《とうかん》を過ぐ。是《これ》国城の咽喉《いんこう》なり」と記した要衝の地に達したのは、五月十五日のことであった。潼関（陝西省の県）は、洛陽から長安に入る要地であって、ここに関所が置かれていた。

蘇州から潼関までの途中、円載と円珍とのあいだに、どのような確執があったのか、円珍は、その道中記に、なにも記していない。

円珍は、円載と同伴しての旅について沈黙している。しかし、円珍の身のまわりに大きな変化が起きつつあった。

## 従僧豊智の改名

潼関に一行が到着すると、円珍の従僧豊智は、とつぜん名を智聡《ちそう》と改めた。円珍は、『胎蔵旧図様《たいぞうきゅうずよう》』を越州の開元寺で豊智とともに模写したことがあった。『胎蔵旧図様』は、胎蔵界曼荼羅《まんだら》の旧式の分解図である。この模写本の巻末識語に円珍は、「比丘《びく》豊智は余と与《とも》に絵《えが》く。此の人、潼関に至って、権《かり》に名を智聡《ちそう》と改《あらた》む。〈事の由は、之《ここ》に記すこと能《あた》わず〉」と記している。

豊智は、潼関に着いたとき、三十五歳であった。彼は、どうして法名を智聡に改めたのであろうか。円珍が「事の由は、之に記すこと能わず」と書いているのは、この改名が円珍にとって不本意なものであったことを物語っている。

豊智の改名問題について、越州で下付された過所に豊智の名がないために、他人の「過所」で関を通るためでなかったかとか、または上京を公認されたのは、円珍と丁満だけであって、豊智と的良とは非公認であったらしいことと関係があるかもしれないなどの見解がある。

これらの見解は、いずれも潼関の関所を通ることと関連させて考えられている。しかし、唐の法律では、他人名義の「過所」や、他人に下付された「過所」をもちいて関や津を通ろうとする者は、「過所」を携帯しないで通ろうとする者と同様、徒《ず》一年の刑に科せられることになっていた。関を通行するさいの取り調べは、厳重であった。

円珍は入唐するにあたって「公験」を携帯するのに用意周到であった。渡海を前にして円珍は大宰府から二回にわたって「公験」の交付を受けており、また唐に渡ってから「福州公験」以下、通行する各州の「公験」の交付を、きっちりと受けている。大宰府から再発給された「鎮西府公験」は、円珍が最初に到着した地の「福州公験」とともに綴られ、そのつなぎめのところに「福州都督府印」が捺《お》されている。日本の公文書が、唐で「公験」として公認され、通用したものとして注意しておいてよい。

このような「鎮西府公験」を円珍が用意したのは、出発前年の唐の大中六年（八五二）十二月に、「其の師を尋ねて遠遊《えんゆう》（遠方にでかけること）せんとすれば、須《すべか》らく本州の公験を有《も》つべし」という中書門下の奏があり、これが施行されていた。この制を円珍は、おそらく聞き及んでいて大宰府に「公験」の発給を、かさねて申請したのであろう。

いずれにしても唐にあって遠方に行くのには、「公験」や「過所」が必須《ひっす》の携帯品なのであった。円珍は、豊智が他人の「過所」をもちいることなど黙認するはずもない。しかしながら越州を出発するにあたって、格別の事情が生じて、豊智と的良の二人は、別の「過所」を下付され、円珍とは別行動を取る仕儀になってしまった。それには、円載が一枚からんでいたと思われる。

豊智が、越州で別の「過所」の発給を受け、それから以後、円珍とは別行動をとったこと、潼関で智聡と改名したことは、いずれも円載の指示によるものであろう。円珍と離れた智聡は、後年、円載と行動をともにしていたことが知られるからである。

# 長安での円載と円珍

円珍一行が潼関に到着した翌々日である五月十七日に、円珍は、その日の日記に、次のように書きとめている。

仏光和上《ぶっこう》（仏光如満のことか）の墓を過《よぎ》り、赤水店（赤水鎮）の馬家に到って宿る。此の夜、留学《るがく》（円載）は多く悪言を吐き、百端《ひやくたん》（あらゆる）罵辱《ばじょく》したり。珍（円珍）は、目を閉《と》じ、口を掩《おお》うて、身命を免《まぬか》るを得たり。

## 円載の悪言と罵辱

赤水店の馬家に宿泊した夜、円載と円珍とのあいだに深刻な諍《いさか》いが起こった。円珍は「目を閉《と》じ、口を掩うて、身命を免るを得たり」という態度をとりつづけて、円載が口ぎたなくわめき、侮辱《ぶじょく》するのを、じっと我慢したかのように書いている。しかし円珍の一方的な記述なので、真相を伝えているものかどうか疑ってかかる必要がある。

ふたりのあいだに、なにがあったのか。蘇州で円載と落ち合って、ここ赤水店に至るまでのあいだ、とりわけ円珍にとって重大な問題であったのは、従僧豊智の智聡への改名の一件であった。

おそらく豊智の改名問題や、豊智と「過所」を別のものとした問題に円載がかかわっていたことをめぐり、円珍が不満を言い立てたことから、この諍いは起きたのであろう。

**長安へ先発した円載**

五月十九日、円珍と円載は、昭応県（陝西省臨潼県）に着いた。円珍は茶を飲んで旅の疲れを癒やした。他方、円載は朝早く、蘇州の人である施廿《しじゅう》とともに良い宿をさがしに、ひと足さきに長安へ向かった。

円珍は、この日の日記に、「円載座主」と書いている。円珍は、もう一ヵ所、五月二十八日の日記で円載のことを「座主」と呼んでいる。すなわちその日記には、「其の載座主（円載座主）は、彼の十九日、城（長安城）に到り、権《かり》に崇仁坊《すうじんぼう》の王家の店に下《ゆ》く」とある。

五月十九日と同月二十八日の日記は、ともに円載が昭応県に着くやいなや、宿泊場所をさがしに行ったことにかかわる件を記している。そうした箇所に円珍は、円載のことを、とくに「座主」と呼称しているのに注目せざるをえない。「座主」とは、ここでは天台座主のごとき僧職の名称ではなく、学徳のすぐれた一座のなかでのもっとも高い位の僧侶を呼ぶ尊称である。

かつて円珍は、越州の開元寺で円載のやって来るのを待っていたおりに、円載のことを「上講」と称したことがあった。そのときと同様、円載が長安へ先発するさいにともなった蘇州の人である施廿が、円載のことを「座主」「座主」と尊称をつけて呼んでいたことによるのかもしれない。施廿は、円載とは旧知の間柄であって、施廿が円載を座主と呼んで畏敬する姿に接した円珍は、円載について記すのに自然に「円載座主」「載座主」と日記に書いた可能性がある。

### 円珍の入京と円載の指示

五月二十三日、円珍は、長安城の東端中央の春明門に達した。門外の高《こう》家《か》という旅館に宿ることとなった。さきに入京していた円載に対して、円珍は、京内をあちこち巡り歩いて、学を求めたいと伝えた。すると円載からは、挙動が、このあたりの人と違うから出歩いてはいけないとの注意の伝言があった。

こうした注意があったからには、円珍は入京するわけにはいかない。円珍は、円載の指示によって、しばらく春明門外に待機せざるをえなかった。そこで円珍は、そのむかし、円仁とともに長安城内に入り、勝手をよく知っている丁満を遣わし、城内の様子を調べさせた。あわせて円仁が、かつて法を受けた玄法寺《げんぽうじ》の法全《はっせん》と連絡をとろうとした。丁満は春明門から城内に入った。丁満は左街の第五街第六坊である常楽坊《じょうらくぼう》の南門に近い路上で偶然にも法全に遭遇した。もちろん法全と丁満は顔見知りだった。法全は、その奇遇を喜んで丁満を、法全が当時居住していた左街の第五街第八坊である新昌坊にあった青龍寺（護国寺）にともなった。法全の住房は、同寺の西南隅にあった浄土院であり、そこで丁満は茶飯を馳走になった。そして法全は円珍に宜しくとの伝言を丁満に託した。そのさい法全は、新たに唐に来た師の円珍を明朝、つれて来てほしいとも丁満に語った。

## 円載を恐れる円珍

丁満が長安の路上で法全に会い、法全の住房浄土院にともなわれて行ったのは五月二十五日であった。翌二十六日、法全の招きにもかかわらず円珍は、法全を浄土院に訪ねることができなかった。円珍は、「身《からだ》、調《ととの》わざるに縁《よ》り」と、その理由を記している。旅の疲れで体調をくずしていたのかもしれない。しかし、円珍が法全を訪問できなかったのは、円載から、やたらに出歩いてはならないという注意の伝言を受けていたからではなかろうか。円珍は、長安城に入ってもよいかどうか二、三日ようすをみることにしたのであろう。

こうして円珍は三日《みっか》ほど遅れて、五月二十八日、青龍寺を訪れ、法全に挨拶し、浄土院で茶飯の馳走にあずかった。六月三日には、法全から『大毘盧遮那《だいびるしゃな》成仏神変加持《じょうぶつじんぺんかじ》経蓮華《きょうれんげ》胎蔵大《たいぞうだい》悲《ひ》生曼《しょうまん》荼《だ》羅《ら》広大成就《こうだいじょうじゆ》儀《ぎ》軌《き》』、および『大毘盧遮那成仏神変加持経蓮華胎蔵菩提幢《ぼだいどう》幖幟《ひょうじ》普通真言蔵広大成就瑜伽《ゆが》』を借用し、春明門外の高家の宿で書写に努めた。

書写にかかっている間、円珍は進んで外出しなかった。円珍は、「他《か》の悪人《あくにん》を怕《おそ》れて、敢《あえ》て更《さら》に阿闍梨（法全）の院に往《ゆ》かず」と記している。円珍の言う「他の悪人」とは、もちろん円載のことである。円珍は、いったい円載のなにを恐れたのだろうか。円載の注意にもかかわらず、勝手に出歩いたからであろうか。

長安に入城するにあたって届けでる必要があり、宿泊場所などの指定が認められなければ、自由な行動は許されなかった。したがって、円載が円珍に対して気をつけるようにと忠告したのは、至極当然であった。したがって、円珍は円載のことを「他《か》の悪人」などと言えた義理ではなかった。どうも円珍は、その神経過敏性がいっそうつのり、被害妄想に落ち込みつつあったようである。

### 円載の宿舎に円珍来たる

六月七日、円珍の宿舎に街路上の警察に任じる街使《がいし》の下僚が訪れてきた。役人はなぜ長いあいだ高家の旅館に泊っていて、長安城内に入らぬのかと訊問した。円珍は、同伴の者の来るのが遅れており、まだ途上にあって到着していないので、その同伴者の来るのを待ってともに入城することにしている。それで、なおここに滞在しているのだと応えた。役人は、明日入城すればよいが、もし明日を過ぎれば官衙《かんが》に報告することになると注意した。円珍は、どうして処分に違反することができようか、明朝入城すると確約した。

かくして円珍は、春明門外に、いつまでも留まるわけにはいかなくなった。荷物をまとめて翌六月八日、円載の宿舎である崇仁坊《すうじんぼう》の王家の宿屋に出向いた。

円珍が半月余りも春明門外の高家の旅館に宿泊していたのは、どうしてなのか。円珍は、同伴者の到着の遅れを理由にあげている。同伴者とは、いったい誰のことなのか。そこで思いいたるのは、智聡と改名した従僧の豊智と行者の的良《あんじや》のことである。彼らは越州を発つとき、円珍と丁満とは別の「過所」を手にして、長安への旅にでた。したがって潼関で智聡と改名した豊智らは、円珍と別行動をとり、長安への到着が遅れていたということもありえた。しかし、都合よくその日か翌朝、彼らが到着し、円珍、丁満と合流して入城し、連れだって円載の宿舎を訪れたとは、とても考えられない。

いずれにしても円珍は、崇仁坊《すうじんぼう》の円載の宿舎に出かけて行った。大中九年（八五五）六月八日のことであった。

## 崇仁坊の殷賑

崇仁坊は、長安左街の第三街第四坊に位置していた。この坊には、選人《せんじん》といって官吏に任用される有資格者が、多数宿泊滞在していた。そのため「一街の輻輳《ふくそう》（四方から人が一ヵ所に集中すること）は、遂に両市（東西市）を傾け、昼夜喧呼《けんこ》（やかましくさけぶこと）し、燈火は絶えず、京中《けいちゅう》の諸坊、之《これ》と比《くら》ぶべきものなし」と謳われたほどであった。崇仁坊は、まことに殷賑《いんしん》をきわめた街衢《がいく》であった。

円載が、こうした長安きっての賑やかな街《まち》を宿泊場所にえらんだのは、その繁華さを好んだためではないはずである。この坊には、円載とともに入唐した請益僧《しょうやくそう》の円仁が、開成五年（八四〇）八月二十三日から会昌五年（八四五）五月十四日まで寄宿していた資聖寺《ししょうじ》があること、また円載自身も、会昌の廃仏が終息《しゅうそく》したあと、この寺に来たことがあったと思われることなどから、円載は崇仁坊の町中《まちなか》の事情に精通していたためであるに相違ない。

さて円珍が崇仁坊の王家の店に宿泊していた円載を訪ねると、間もなく右街の龍興寺に寄住していた田口円覚《たぐちのえんがく》という日本人がやって来た。

## 円覚という僧侶

円珍にとって田口円覚とは初対面であった。

円覚は、その日に右街の龍興寺に帰っていった。数日後に、円覚は沢山の飯食《ぼんじき》を持参して円珍らをもてなしてくれた。最初に円覚に面会したとき、円珍は、「郷人に相い看《まみ》え、喜歓すること説き難し」と記している。円載は、円珍に会わせるために円覚に連絡し、崇仁坊の王家の店に呼んだという経緯があったと思われる。円載と円覚とは旧知の間柄であったであろう。円載は、円覚に対して、長安に来た円珍のことでいろいろと骨を折ってほしいと、ひそかに依頼したのであろう。

円覚は、武内宿禰《たけしうちのすくね》の子孫と伝えている田口朝臣《たぐちのあそん》氏の一族であった。円覚の俗名は知られていないが、父は虫麻呂《むしまろ》、兄は年勝《としかつ》といい、正六位下の位を帯び、図書権助《ずしょごんのすけ》の官職に就いていた。兄年勝の子息は、後年円賀《えんが》といって円珍の門弟となっている。円珍の記すところによれば、円覚は唐の開成《かいせい》五年（日本の承和七年、八四〇）に入唐し、久しく五台山に住し、のちに長安に遊学したという。

その後、円載は円珍をともなって右街の第五街第七坊にある円覚が寄住している龍興寺に赴いた。二人は、同寺の庫院の北に位置し、柿の樹が植えてある浄土院に雲居《うんご》和尚を訪ね、挨拶を交わした。円珍は、雲居のことを「此の新羅の和上は、心行は清直にして、道心は堅固なり」と書いて、すぐれた僧侶であるとたたえている。

七月一日、円珍は龍興寺の浄土院に移り、新羅人の僧雲居と起居をともにすることとなった。円珍は、その日の日記に、「是れ円覚闍梨の気力《きりょく》にして、説く可からざるなり」としたためて、浄土院への移居にあたり円覚の尽力の大きかったことは、言い尽くせないと円覚に感謝の意を表わしている。このほか円覚は、円珍の経典書写や曼荼羅を画《えが》くのに助力したことが知られている。

### 円載を「賊」と呼ぶ円珍

長安城に入り、右街の龍興寺浄土院に居を移したものの円珍は、しばらく落ちつかなかった。青龍寺に赴いて法全に会ったのは、七月十四日のことであった。法全に会って顔色を見ると、前に面会したときとは、違っているのに気づいた。円珍は、「青龍に到って、和尚（法全）の顔色を見るに、前日の如《ごと》からず。具《つぶさ》に賊の衝《そし》ることを知りぬ」と、そのときのことを記している。法全の顔つきを見て、つぶさに「賊」が自分のことを謗《そし》ったと覚《さと》ったのである。円珍は、円載のことを、ここではじめて「賊」という言葉をもちいて非難しだしている。

この日の翌日、すなわち七月十五日に円珍は、円載とともに仲良く法全から胎蔵界の学法灌頂を受けた。つづいて九月三日、円珍は、円載や円覚とともに秘密の八印《はちいん》（『大日経』秘密八印品に説かれている印契《いんげい》）などを法全から授けられている。そのときのことを円珍は、

（九月）三日の五更《ごこう》（午前四時前後）、郷曲《きょうきょく》（故郷）の禅師《ぜんじ》円覚〈俗姓は田口《たぐち》〉等、灌《かん》頂《じょう》に入り訖《おわ》んぬ。其の日、阿闍梨（法全）は道場内に於て、円珍等を留《とど》め〈円載も同《とも》に受く〉秘密の八印、幷びに根本の大日尊印《だいにちそんいん》、百光遍照王印を授与し畢《おわ》んぬ。

と『大悲蔵瑜伽記』の下巻末に記している。円珍は、円載のことを「賊」と呼びながら、ともに青龍寺の法全から法を受けているのは、どうも解《げ》せない。二人のあいだには、円珍が「賊」と記すようなことはなかったのではないか。

円珍は、円載を「賊」視しながら、「賊」と日記に記すだけで、口にはださなかったと記している。

## 円載への非難

円珍が記していることによれば、円珍は、二度目に法全に会ったとき、つぶさに「賊」が円珍のことを謗《そし》ったとわかった。だが知らないふりをして、ただ法全に対して敬意を表わして接したという。これは七月十四日、円珍が二度目に法全に会ったさいに、法全の顔色が変わっているのを見て、「具《つぶさ》に賊の衝《そし》ることを知りぬ」と、その日記に書いているこ

ととかかわっている。

また円珍は、円載がどのように円珍のことを中傷したか、その詳細を知っていた。だが、あえて法全には話さなかったともいう。そして円珍は、「天台にて相見《あいまみ》えし日従《よ》り、長安に至るまで、惣《すべ》て無量《むりょう》の事（言いあらわすことのできないこと）有り。具《つぶさ》に記すことを用《な》さず」と記している。

円珍は、円載の悪業や自分に対する中傷のすべてを知っていたが、そうしたことを、いっさい口にしないで、じっと我慢していたことを強調する。そして天台山国清寺で円載に会った日から長安にいたるまで、言いあらわすことができないことは多々あった。しかし、事こまかには記述しないとまで書いて、辛抱に辛抱をかさねてきたのだと、円珍の円載に対する非難を、こうしたかたちで表白する。

## 円珍のみた夢

十月三日、円珍は青龍寺に赴いて、金剛界曼荼羅道場で法全から五智水《ごちすい》の灌頂《かんじょう》（五つの水瓶《すいびょう》に香水《こうずい》を入れ、これを五智〈密教の大日如来など五仏の智慧のこと〉のシンボルとして受戒者の頭上に灌《そそ》いで、五仏の智慧を授け、結縁《けちえん》したことをあきらかにする儀式）などを受けた。

その日の夜、円珍は金剛界の曼荼羅の壇上に安置されている諸尊の足の下から、それぞれ白乳が流れだしてきて、円珍の口に入るという夢をみた。この夢のことは、本書のはじめにもふれておいた。これは法全からの受法が、円滑《えんかつ》にはかどることになる前触れであった。円珍は、翌朝になってからのことを次のように記している。

明旦《みようたん》（翌朝）に至り、人に向って説らず。此因《これよ》り以後、和尚（法全）は一切、法の如くに、疑《うたが》いを決き《さば》往復《やりとり》して、諸事惣《すべ》てを得《かた》たり。

円珍は、このように記し、つづけて法全が円載について語ったことを次のごとくに書いている。

説いて云わく、郷賊《きようぞく》（円載）は爾《なんじ》の与《ため》に甚だ妨難《ぼうなん》を作《な》して、都《すべ》て成就し得ることを欲せず。厶《われ》は暫時《しばし》、彼（円載）の他語《たご》（他言と同語で、陰口《かげぐち》のこと）を取りて、大徳《だいとく》（円珍）を悩乱《のうらん》（なやみ苦しませ、心を乱すこと）せしむ。此《これ》、厶の錯《あやま》れる処《ところ》なりと云々。

さらに円珍は、法全が話したことを次のように記している。

和上（法全）は説いて噵《い》わく、者賊《この》は久しく剡県《えんけん》に在りて、婦を養《やしな》い、田を蘇《かり》とり、蚕《かいこ》を養《か》い、児を養《やしな》う。城に入る心《こころ》無くも、纔《はじめ》て珍（円珍）の来るを見て、鬼賊と作《な》りて、趁《お》って遂《つい》に入り来る。耐《た》え叵《がた》し、耐え叵しと。

法全が語ったこととして円載を「郷賊」「者賊《この》」「鬼賊」などと呼んでいる。しかし、法全が円載のことを「賊」と言葉にだして呼んだかは疑わしい。徹底して悪漢《あっかん》扱いにした円珍の表現であるとみなすべきである。

## 円載は「鬼賊」か

円載は、法全の言うように、本当に円珍を中傷する陰口を叩《たた》いたか。円載が、法全の語るように、剡県で妻を持ち、子を儲《もう》け、水田耕作に従事し、養蚕に携わっていたのは事実なのか。円載は、法全の話のように、入城するつもりもなかったのに、円珍が来るのをみて、あとを追って長安にやって来たのか。

まず法全の言葉で事実を伝えていないことがあきらかなのは、円載が円珍のあとを追って来たという点である。円載は、蘇州から長安のてまえの昭応県まで円珍と同行した。そして昭応県からさきに長安に入ったのである。円珍が、そうした事実があるのに、素知らぬ顔をして法全の言うことを書いているのは、どうみてもおかしい。

円載は、会昌の廃仏に遭遇して故国に帰ることも叶《かな》わず、妻帯して剡県で農耕生活を送ったことは事実であったかもしれない。会昌の廃仏が頂点に達したのは、会昌五年（八四五）三月以降、強制的還俗が外国人の僧侶にも及んだときである。唐人の僧尼は、本籍地に帰されて農耕に従事することになったが、円載のような外国人は、たやすくは本国に帰れない。そこで円載は、やむなく尼僧と世帯を持って剡県で農業を営むようになったのかもしれない。

すでに見てきたように円載は、会昌の廃仏が進行するさなか、唐の会昌三年（八四三）にあたる日本の承和十年に、弟子の仁好、順昌を日本に派遣している。そこで当時、いぜんとして円載は傔従《けんじゅう》の僧仁好らをともなって行動していたことが確かめられる。さらに唐土に吹き荒れた会昌の廃仏は、新帝宣宗の即位とともに収まり、仏教の復旧が緒に就きはじめた。そうしたなかで、唐の大中元年（八四七）円載は、傔従の仁好を故国に遣わして表状を上奏した。その表状には、円載が会昌の廃仏によって還俗したこと、幾多の苦難を体験したことなどが述べられていた。にもかかわらず円載は、すぐさま傔従の仁好を日本に送って連絡をとるという几帳面《きちょうめん》さである。しかも驚くべきことに円載が遣唐留学僧に選任されたとき以来の傔従たちが、唐での仏教受難の時代にも健在で、円載の指示にしたがって変りなく行動していたことである。異国での留学僧と傔従とのあいだの「主従関係」が崩れ去っていなかったのは、円載の統率力が卓越していたことをしめしている。

こうした円載の行動をみれば、円珍が円載を「賊」「鬼賊」などと呼ぶ筋合《すじあ》いではなかった。

**円載かさねての上表**

円珍は、終始、円載に対して悪意をこめて、ことごとに非難しつづけている。だが、円珍の書いていることをすべて信じて、円載は、まことに「ふしだら」な遣唐留学僧であったと、一方的に言い切ってしまうことはできない。

円珍が『金剛界私記』の奥書に、

円載留学、珍（円珍）と与《とも》に両部の大法を学ぶ。而るに此の賢劫《げんごう》十六、及び廿天《にじってん》の印《いん》に於て、面《ま》のあたり之を受学せず。他人の斎《とき》（法会）に赴きて、廻《かえ》る日に、珍が手記を写し取るなり。故《ことさら》に之を記す。

と書いているのも、円載の不届《ふとど》きな仕業《しわざ》の一端とみなされている。この記述をみると、円珍は、円載が、あたかも法全からの受学を怠けたと白い目でみている書き方をしている。だが、円載は賢劫の十六尊（金剛界曼荼羅の中院に配されている慈氏菩薩、不空見菩薩、滅悪趣菩薩などの十六尊）の印と二十天（金剛界曼荼羅の外院に配されている那羅延天、倶摩羅天、金剛摧砕天などの二十天）の印を学ぶときだけ、他に法会があったため、受学しなかったのである。九会《くえ》である成身会《じょうしんね》、三昧耶会《さんまやえ》、微細会《みさいえ》、供養会《くようえ》などの印は、円珍の『金剛界私記』の記述からみて、円載も円珍とともに法全から学んだとみなしてよい。十六尊と二十天の印を受学する日に、円載は、都合の悪いことに他の法会とかさなったため受学することができなかった。そのために円珍の手記を写し取ったのであって、なんら円載の行為を非難する理由はない。万事、円珍の円載にかかわる記述の中味は、鵜呑みにできないのである。

円載が円珍とともに法全から胎蔵界の学法灌頂を受けたころ、円載の使者が円載の上表文を携えて、唐から大宰府に渡って来ていた。

**円載上表の内容**

『文徳天皇実録』斉衡二年七月丙寅（二十日）の条に、

大宰府、入唐留学僧円載の上表を伝進す。

とある。斉衡二年（唐の大中九年、八五五）七月、円載の上表文を日本に持参したのは誰か。その上表文の内容はどのようなものであったか。円載の上表に対して、円載にどのような回答をあたえたか。残念ながら右に掲げたような大宰府が、円載の上表を伝進したという簡単な記事しか伝えられていないので、右に記した疑問には正しく答えられない。

円載の上表文をもたらした人物は、あるいは、これ以前に二度にわたって日本に使いした円載の傔従僧仁好であったかもしれない。しかし彼の消息は、承和十四年（八四七）七月、円載の表状を持参して帰国してから以後絶えているので確実なことはわからない。ただし円載の上表が大宰府によって伝進されていることからすると、そのころ大宰府に来着した唐人に託されてきた可能性がつよい。

　さきにも記したように大中九年（八五五）正月、円珍は越州の開元寺で円載の来るのを待っていた。円載とは一緒に長安へ行くため越州で落ちあう約束をしていたのである。しかし二月になっても円載は、あらわれなかった。円珍は円載に先発することを伝え、円載の諒解をえて三月下旬、越州を発った。四月上旬、円載は円珍のあとから追い着いて蘇州で出会い、四月二十五日、ともに長安へと向かった。

　この年の七月に、円載の上表が大宰府にもたらされた。大宰府から太政官にその上表が伝進された時期から察すると、円載が上表文を作成し、これをどの船便によって日本へ送り届けるか、そのために忙しく立ちまわっていたのは、円珍が越州開元寺で円載を待っていたこの年の正月前後のころのことであったかもしれない。

　そうすると円載の上表文には、天台山の国清寺で円珍と面会したこと、伝燈大法師位の「勅牒」を円珍から受け取ったこと、円珍とともに長安で胎蔵・金剛両界の灌頂や印契《いんげい》を受けるために上京すること、したがって留学の期間がさらに延びるので許可をえたいことなどが記されていたであろう。さらに付け加えていえば、求法のための「旅糧」に事欠《ことか》いているので賜与していただければ、まことに有難いなどとも書かれていたのではなかろうか。

円載の上表のなかには、国清寺に円珍を訪れた当夜、円載が円珍に「牒《ちょう》を与《もっ》て本国の太政官に送り、王（天皇）の勅に因《よ》らざれば、人を令《し》て来《き》たらしめざれよ」と語った内容にわたることがあったかもしれないという見解がある。あるいは歴《れっき》とした遣唐留学僧円載から単なる私的な入唐求法僧円珍に対するこうした円珍にとっては衝撃的であった話にかかわる事柄も、円載の上表には盛り込まれていたかもわからない。

ともあれ斉衡二年（唐の大中九年、八五五）七月二十日、大宰府から伝進された円載の上表に対する文徳天皇の反応は、正史に記録されていないので、いっさいが不明である。ただ『文徳天皇実録』のわずか一四字からなる記事から読みとれることは、円載が自ら「入唐留学僧」と称し、依然として唐に派遣された留学僧であることの「誇り」を失ってはいないことであった。

これからおよそ一〇年、円載の消息は、いっさい途絶えてしまう。

# 円載の悲運

# 円載と真如親王

**廃太子真如親王の入唐**

大同五年（八一〇）九月十三日、ときの皇太子高丘《たかおか》親王（七九九〜八六五?）は、薬子《くすこ》の変によって廃太子となった。この月の十九日、改元があって年号は弘仁《こうにん》となり、親王は、廃太子になってから一二年後の弘仁十三年（八二二）正月、無品から四品に叙せられ、間もなく出家して東大寺に入った。出家した高丘親王は、法名を真忠といい、のちに真如《しんにょ》と改めた。法隆寺の道詮《どうせん》（七九七〜八八一?）のもとで三論を学び、のちに東寺に入り、空海のもとで密教を修めた。貞観三年（八六一）三月、入唐することを許され、翌年七月、張友信らの船に乗り唐に渡った。九月十三日、明州の望海鎮（浙江省寧波市鎮海）に上陸、十二月、親王一行は、明州から越州に向かうことを許された。越州で長安に入ることを認められた真如親王は、貞観五年（唐の咸通四年、八六三）十二月、宗叡《しゅうえい》、智聡《ちそう》、安展、禅念らを随伴して、江船に駕して長安を目指した。

越州からの随行者のなかに智聡の名前がみられるのは、円載のこととかかわって、とりわけ注目される。

## 円載と智聡

越州から真如親王の随行に加わった智聡は、あきらかに円珍の傔従僧《けんじゅうそう》であった豊智のことである。

豊智が潼関（陝西省の県）で、とつぜん智聡と法名を改めた。この改名に関して円珍は、「事の由は、之《ここ》に記すこと能わず」と記した。円珍にとって、よほど耐え難いことであったのであろう。すでに指摘しておいたように、この改名事件には、円載の指示が絡《から》んでいたことは間違いない。智聡と改名した豊智は、すでに円珍の傔従僧であることを拒《こば》み、円珍が、ことごとに憎悪をあらわにしていた相手である円載に共鳴して行動をともにするようになっていた。

豊智が越州で、円珍とは別の「過所」の交付を受けたり、潼関で法名を改めたりしたことは、豊智（智聡）が円珍の傔従僧から離れてしまっていたことを意味していた。豊智こと智聡が、もはや円珍と完全に離別していたことを象徴的に示しているのは、円珍のみた次のような夢である。円珍が長安での求法を終えて天台山国清寺に戻る途中、東都の洛陽に滞在していた大中十年（八五六）正月一日の早朝にみた夢である。

又《また》、夢に珍（円珍）等、路を行くに、路上にて時《じ》（時食《じじき》のこと、朝から正午までの間の食事）を過《す》ごし、未だ飯を喫《く》わず。到るや否《いな》や飯を作ら教《し》む。当《そ》の時日《とき》、申頭《しんとう》（午後四時ごろ）に近《ちか》し。而して智豊《ちほう》、逐《お》いて便《すなわ》ち来る。顔色《がんしょく》は憂愁《ゆうしゅう》にして、多《はなは》だ困乏《こんぼう》に在り。以て飲食《ぼんじき》を乞《こ》えり。延福《えんぷく》も亦爾《しか》り。珍、飯を与《あた》うことを肯《がえん》ぜず。両人、徘徊《はいかい》して去らざるなり。

この円珍の夢は、まことに生《なま》なましかった。円珍のあとを追って来て、食物を乞うたという智豊は、智聡であるに違いない。円珍が智聡の名前の前名豊智を、うっかり引っ繰り返して書いてしまったか、もしくは『義釈更問抄《ぎしゃくきょうもんしょう》』巻下に付載の『三句大宗《さんぐだいしゅう》』の書写者が豊智の名前を転倒させて智豊と書き誤ってしまったか、そのいずれかであろう。

いずれにしても、円珍が智聡（豊智）の窶《やつ》れて物乞いする夢をみたのは、長安での求法をすませて天台山国清寺に帰る道中に、豊智こと智聡が、円珍のもとにいなかったことを如実にしめしている。と同時に、円珍にとってなお豊智に対する未練が残っていたからであろう。しかも、かつての円珍の従者の的良であるらしい夢のなかの延福ともども豊智（智聡）に対して食物を施すのを、円珍がきっぱり拒絶しているのは、円載への憎悪のあらわれによるものであろう。

ともあれ智聡は、唐の咸通四年（八六三）十二月、真如親王を長安に迎えるために越州に姿をあらわしたのである。大中九年（八五五）五月、潼関で智聡と改名した豊智が、円珍の前から姿を消してしまって以来、八年余りが過ぎ去っていた。智聡を越州に遣わしたのは、長安右街の第三街第七坊の延康坊の西南隅にあった西明寺に留住していた円載であったであろう。

**西明寺に院を構えていた円載**

西明寺は、大中六年（八五二）、福寿寺《ふくじゅじ》と寺名を改めている。長安を去るにあたって円珍が大中九年（八五五）十一月十五日に下付された「尚書省司門過所」は、「福寿寺の僧円珍、年肆拾参（四十三）、行者丁満年伍拾」と書きだされていて、円珍を福寿寺、すなわち西明寺の僧としてあつかっている。円珍は、この「過所」の申請にあたり、まず福寿寺の三綱を通じて、左街第三街の宣陽坊にあった万年県衙に書類を提出した。それを受理した万年県が尚書省の司門に申告し、「尚書省司門過所」の発給となったのである。なぜ円珍が福寿（西明）寺の僧とされているのか、その理由は、はっきりしない。円珍は長安を出立する準備をすすめている時点で、この寺に一時、留住していたことによるのかもしれない。円珍が長安を出発する前に西明寺を巡礼したことは知られている。

さて真如親王が智聡（豊智）に案内されて長安城に到着したのは、唐の咸通五年（八六四）五月二十一日のことであった。親王一行は、円珍も長安城に入るときに通行した春明門より入った。そして長安右街の第三街第七坊の延康坊《えんこうぼう》にあった西明寺に留錫《るしゃく》した。この寺には留学僧円載が止住していたからである。円載は、同寺に院を構え、ひきつづき求法につとめていたようである。なお西明寺は、牡丹《ぼたん》の花の名立《なだ》たる名所であった。その花盛りの時期は、三月十五日をはさんで、その前後およそ二〇日間であったから、長安滞在の時期からみなして、円珍も真如親王も西明寺の牡丹を観賞することはできなかった。円載は花をみたであろう。また同寺は、長安で求法した日本人僧侶と関係が深い寺院であった。なかでも真如親王の師空海がこの寺に宿住したことは、よく知られている。空海は、「（延暦）廿四年二月十日、勅に准じて西明寺に配住す」「廿四年仲春十一日、大使等、軔《とめぎ》を本朝に旋《めぐ》らす。唯《ただ》空海のみ孑然《けつぜん》として、勅に准じて、西明寺の永忠《ようちゅう》和尚の故院に留住す」と述べている。けだし真如親王は、西明寺において亡き師空海の求法に思いをはせたかもしれない。

## 円載、真如親王の入城を奏聞

円載は、廃太子真如親王の長安入城を奏聞した。唐の皇帝懿宗《いそう》（在位八六〇〜八七三）は、真如親王の入唐求法を聞いて感嘆した。皇帝は、真如親王が法全阿闍梨について、難疑を解決してもらえるように仰せだされた。半年が経過したが、その間、真如親王が法全に疑問をただしても、親王のいだく疑義を満足させる回答を得ることはできなかった。そこで親王は、唐から西天竺（インド）に渡ることを決意した。

真如親王が西天竺に渡ることの勅許を得るために奔走したのも円載であった。円載の奏聞は、聴きとどけられ勅許が下り、官符が発給された。かくして翌咸通六年（日本の貞観七年、八六五）正月二十七日、真如親王は、安展、円覚、仕丁の丈部秋丸《はせつかべのあきまろ》らを率いて、広州から海路、西天竺へと向かった。

親王一行のなかに円覚の名前が見いだされるのは注目される。この円覚は、かつて円珍が長安に入り、円載の止宿する崇仁坊の王家の旅籠を、はじめて訪れたとき、そこで対面し、爾来、種々の便宜を図ってくれた円覚その人であった。

真如親王の入竺にあたって、円覚が同行者のなかに加わったのは、彼が長年、唐に滞在していて唐の言葉に堪能であり、またかつて円珍を誠意をもって世話したように、きわめて面倒見がよく、旅中の折衝役《せっしょうやく》として最適の人物であったからであろう。そして円覚を入竺する真如親王の随伴者に推薦したのは、西明寺に院を構えていた円載であったであろう。

## 円載と宗叡と円珍

真如親王が入唐求法するにあたって、当初から随行していた宗叡《しゅうえい》（八〇九〜八八四）は、親王の入竺にさいしては随伴しなかった。彼は、『頭陀親王入唐略記《ずだしんのうにっとうりゃくき》』の撰者とされる伊勢興房《いせのおきふさ》とともに福州より李延孝の船に乗って帰国した。唐の咸通六年（八六五）、日本の貞観七年六月のことである。『頭陀親王入唐略記』には、宗叡、興房の帰国のことを記したあとに、「但《ただ》し智聡法師は、尚《なお》、大唐に住《とど》まって来らず」と、とくに記されている。智聡の帰国は、ずっとさきの一二年後のことになる。もちろん、この智聡は、円珍のかつての傔従僧豊智であった。

さて宗叡は、真如親王にしたがって長安に入り、その滞在中に、西明寺の円載の院において法門の書写につとめた。それらの法門は円載所蔵のものであったが、宗叡の『雑法門等目録』によると、『都利聿斯経《とりいつしきょう》』一部五巻、『七曜攘災決《しちようじょうさいけつ》』一巻、『七曜廿八宿暦』一巻など密教呪法関係の法門が目につく。さらに宗叡は円載について受学している。その法門目録からして宗叡が円載から学んだものは、密教呪術にかかわるものであった。また宗叡は入唐以前に、円珍からも密教を学んでいた。

**宗叡をめぐる円珍の夢**

帰国してからの宗叡は、円珍と険悪な関係になった。それには、円載が絡《から》んでいた。仁和元年（八八五）十二月以後にしたためたと思われる『阿闍梨大曼荼羅灌頂儀軌』（法全和上伝持本）の裏書に、円珍は入唐僧宗叡について、次のように書き記している。

貞元（観カ）《（ママ）》五年、宗叡は三井《みい》（園城寺）に来りて、胎蔵悉地両部の法を学び了《おわ》んぬ。略《ほぼ》、伝法を授け訖《おわ》んぬ。……而《しか》るに唐に入りて円載師と相い話《かた》りて後、叡（宗叡）が意《こころ》は改変せり。即ち円載が封じ式《もち》いる所の魆人法《よじんほう》を学び取り、国に帰りて再三之《これ》を封じ、余を呪咀《じゅそ》す。〈此れ夢中に示す所なり。〉而して或《ある》いは験《げん》無しと謂《い》い、再三、妬怒《とど》して、再三、踔躍《たくやく》せりと云云《うんぬん》。

円珍は、「此れ夢中に示す所なり」と記しているが、まさしく円載に対する憎しみとかかわることであった。宗叡が唐で円載から密教の呪法を学んでから、心変りして円珍を呪咀したとは、夢のことにせよ、円載のことに絡んでくると、円珍は誰に対しても疑いの眼《まなこ》をむけてしまうのであった。円珍は、どうしても円載とは反《そ》りをあわせることができなかった。

円珍から終始はげしく憎み嫌われていた円載が、真如親王の求法のことで唐の朝廷とのあいだに立って重要な役割を演じているのは、彼が啻《ただ》ならぬ人物であったことを物語っている。長安から渡天のために旅立つ真如親王を送りだした円載は、その後、どのような行動をとったのであろうか。

# 日本へ向かった円載

## 唐人の送別の詩

円載が真如親王の長安入京と長安での求法、ならびに西天竺への求法について奏聞した唐の咸通五年（日本の貞観六年、八六四）から円載が日本への帰国の途次、暴風に遭遇して溺死するという知らせが入った元慶《がんぎょう》元年（唐の乾符四年、八七七）までの一三年のあいだ、円載の消息は、杳《よう》としてわからない。

円載と行動をともにしていた智聡は、「久しく長安に住《とど》まり、委《つぶさ》に進士《しんし》（科挙試験に合格した者）を捜《もと》め、亦《また》南北に遊《ゆ》き、風音《ふうおん》（音韻《おんいん》・声調のこと）に熟知す」といわれている。おそらく円載も智聡と同様に久しく長安に居住して、ひろく学び、また南北に遊歴して、諸学僧や文人・進士と交友を結んだであろう。

その一端をしめすのが、円載が日本に帰るのにさいして贈った皮日休《ひじつきゅう》や陸亀蒙《りくきもう》、そして顔萱《がんけん》らの送別の詩である。

円載に二首の詩を贈った皮日休は、湖北襄陽の人であって、字を襲美《しゅうび》という。咸通八年（八六七）に進士となっている。晩唐の大詩人のひとりであり、蘇州に住したとき、陸亀蒙と多数の詩を交わした。円載が皮日休と知りあったのは、江南においてであったといわれている。

陸亀蒙は、蘇州呉県の人であって、字は魯望《ろぼう》。隠逸の人として知られ、江湖散人と号した。円載との交友は、蘇州においてであろう。

顔萱は、江南の進士で、字を弘至といい、中書舎人の蕘《じょう》の弟。円載と交友のあったのは、顔萱の出身地である江南の地であったであろう。

皮日休が円載が日本に帰国するにあたって贈った詩が二首『全唐詩』巻六一四に載せられている。

その一首「円載上人の日本国に帰るを送る」は、このような詩である。

**円載に贈った皮日休の詩一首**

講殿談余著賜衣
棚帆卻返旧禅扉

講殿談余《こうでんだんよ》　賜衣《しえ》を著《ちゃく》し
棚帆《やはん》卻《かえ》って返る旧禅扉《きゅうぜんび》

貝多紙上経文動　　貝《ばい》多《た》紙上《しじょう》　経文動《きょうもんどう》じ
如意餅中仏爪飛　　如意《にょい》餅中《びょうちゅう》　仏爪《ぶっそう》飛ぶ
颶母影辺持戒宿　　颶母《ぐぼ》影辺《えいへん》　戒《かい》を持《じ》して宿《やど》り
波神宮裏受斎帰　　波《は》神宮《しんきゅう》裏《り》　斎を受けて帰る
家山到日将何入　　家山《かざん》到る日　何を将《もっ》てか入る
白象新秋十二囲　　白象《びゃくぞう》新秋　十二囲

　この詩の最終句「白象新秋十二囲」は、きわめて難解である。いま先学の解釈についてみると、「十二の囲《めぐり》」と読んで、これを「諸地方」と解する説がある。「白象」以下は、どのような意味になるのか、その解釈はしめされていない。また「普賢菩薩《ふげんぼさつ》の乗る六牙の白象が、あなたの帰郷にふさわしい。それもこの新秋の候、よく肥って、十二囲もあるような大きな白象だ。一囲は両手をひろげて囲む長さをあらわす。四十年の研鑽にふさわしい凱旋《がいせん》を、皮日休は円載のために祈ったのである」と巧みな文章で綴った解釈がある。はたしてこれが正しい解釈なのかどうか判断に苦しむ。

　いずれにしても、この詩の大意は、こういうことであろう。「円載が唐の朝廷の殿上で講経《こうきょう》を終えたあと、皇帝から紫衣《しえ》を賜わった。いま円載は、船に乗って故国日本の旧院に帰ろうとしている。貝多紙《ばいたし》（貝多羅の樹の葉を紙のかわりにして経文を書いたもの。ここでは写経の紙）のうえに経文を転写し、如意缾《にょいびょう》（密教において、あらゆる香薬、珠玉、金、銀、などを入れる瓶）のなかに仏陀の爪《つめ》を入れ、いかに仏教教典の書写につとめ、いかに珠玉のごとき仏の教えを理解し、修行にはげんだことか。そして激しい暴風の兆《きざ》しのもとでも戒を守り、海竜神の宮居《みやい》のなかでも斎を受け、颶風《ぐふう》や波浪の海難をものともせず斎戒をたもって帰国しようとしている。故郷に帰るときに、円載はなにを持って帰るのか。十二かかえもあるおびただしい数の教典を、初秋に聖なる白象に乗せて大海を渡り、険阻《けんそ》な峰を越えて、円載は帰ろうとしているのだ」。

結句の「白象新秋十二囲」を、「十二かかえもあるおびただしい数の教典を、初秋に聖なる白象に乗せて大海を渡り、険阻な峰を越えて」と解釈したのは、『大日本国法華経験記』巻中、第五六、丹州の長増法師の条に、

若く盛《さかり》なる年より、八十余に及ぶまで、他の所作《しょさ》なく、ただ法花《ほつけ》を読誦《どくじゅ》せり。常に夢の中に白象王《びゃくぞうおう》に乗りて、深く大きなる海を渡り、険難の峰を越えて、平正なる所に至るに、勝《すぐ》れた妙《たえ》なる伽藍《がらん》あり、云云とみる。

とある夢のなかの白象の話を参考にしたのである。おそらく、この白象に乗って、大海を

渡り、険難の峰を越えて妙なる寺院に至る話には、こうした仏教説話に出典があると睨《にら》んだからである。

### 皮日休のもう一首の詩

円載に贈ったもう一首の送別詩は、「重ねて円載上人の日本国に帰るを送る」と題する七言律詩《しちごんりつし》である。この詩で注目されるのは、「邪馬台国」にかかわる語句をもちいて、円載時代の日本の地理像を歌いあげていることである。

雲濤万里最東頭
射馬台深玉署秋
無限属城為裸国
幾多分界是亶州
取経海底開龍蔵
誦咒空中散蜃楼
不奈此時貧且病
乗桴直欲伴師遊

雲濤《うんとう》万里　最東の頭《ほとり》
射馬台《やまたい》は深《とお》けれど玉署《ぎょくしょ》は秋ならん
無限の属城《ぞくじょう》　裸国《らこく》を為《おさ》め
幾多の分界《ぶんかい》　是れ亶州《せんしゅう》
経を海底に取りて、龍蔵《りゅうぞう》を開き
咒《じゅ》を空中に誦《とな》えて、蜃楼《しんろう》を散ず
不奈《いかんせん》　此の時貧《ひん》にして且《か》つ病む
桴《いかだ》に乗り直ちに師に伴《ともな》って遊ばんと欲す

この詩の第二句「射馬台」には、「射馬台は、即ち今の王城なり」との注がある。また第四句の「亶州」には、「州は、会稽《かいけい》の海外に在り。伝うらく是れ徐福の裔なりと」という原注が付せられている。

「射馬台」は、もちろん『魏志』倭人伝や『後漢書』倭伝にみえる邪馬台国のことをふまえている。第三句の「裸国」は、『魏志』倭人伝に、「又《また》、裸国、黒歯国有り」とみえ、『後漢書』倭伝に、「朱儒自《よ》り東南船を行《すす》むること一年、裸国、黒歯国に至る」などとあるのによる。さらに第四句「亶州」の原注「州は、会稽《かいけい》の海外に在り。伝うらく是れ徐福の裔なりと」は、『後漢書』倭伝に、「会稽の海外に東鯷人《とうていじん》有り。分《わか》れて二十余国と為る。又《また》、夷洲及び澶洲《せんしゅう》有り。伝え言う、秦の始皇、方士徐福を遣わし、童男女数千人を将《ひき》いて海に入り、蓬莱《ほうらい》の神仙を求めしむるも得ず。徐福、誅を畏《おそ》れ敢《あえ》て還らず。遂に此の洲に止まると。世世相承《あいう》け、数万家有り。人民時に会稽に至りて市《いち》す」とあるのにもとづく。

唐の貞観《ていかん》十六年（六四二）成立の蕭徳言《しょうとくげん》ら撰の『括地志《かっちし》』逸文にも、「亶洲は東海中に在り。秦始皇、徐福を使《し》て童男女を将《ひき》いて海に入り、僊人《せんにん》を求めしむ」とあるが、皮日休の「射馬台」や「亶州」ならびに徐福伝説についての知識は、『後漢書』倭伝にもとづいているのであろう。

皮日休の歌う「射馬台」は、もちろん邪馬台国ではなく日本のことである。

日本は、唐からみれば、東方の遠い遠い国である。それを「雲濤万里　最東の頭《ほとり》」「射馬台は深《とお》けれど」と詠んで、円載が帰国し、帰朝の報告に行く「玉署」、すなわち原注に記す「王城」の地は、秋の季節であろうと歌いあげる。「玉署」には、立派な役所や宮殿の意味もあるが、ここでは、原注のとおり王城、すなわち平安京のことと解するのがよいであろう。

皮日休が、「無限の属城《ぞくじょう》　裸国を為《おさ》め」「幾多の分界　是れ亶州」と詠みこんでいるのは、当時の日本の領域、地理像を『後漢書』倭伝などの知識を利用しながら、描いたのである。

## 円載は邪馬台国のことを知っていた

こうした日本の地理像は、邪馬台国のことを知っていた円載の知識を取り入れたものかもしれない。逆に皮日休のこの詩をみた円載は、邪馬台国のことを知る機会を持ったということになろう。

ともあれ皮日休は、円載の故国日本を、遥かなる昔の邪馬台国になぞらえて円載への送別の詞《ことば》とした。まさに円載は、祖国「邪馬台国」に帰ろうとしていた。皮日休が第一首に詠みこんでいる「新秋」、また第二首で歌っている「玉署の秋」のように、円載が故国に向かった時季はまさに秋であった。

皮日休は、放胆《ほうたん》な性格の人であった。そのようなところが円載と馬が合ったのかもしれない。

## 円載を讃える皮日休

皮日休の第一首「円載上人の日本国に帰るを送る」の第一句「講殿談余賜衣《しえ》を著し」は、さきに述べたように皇帝から紫衣《しえ》を賜わったことをいう。北宋の天台僧で仏教史家の賛寧《さんねい》（九一九〜一〇〇二）の著である『大宋僧史略』に、「日本国の僧円載。西明寺に住む。辞して本国に廻《かえ》るのとき、紫（衣）を賜い還《かえ》ら遣《し》む。倭国、則ち僧に伝燈（大）法師の号を賜う」とあるのも、円載が紫衣を賜う栄に浴したことを証している。

円載は、只者《ただもの》ではなかった。唐の詩人の過分な修辞を割り引いたとしても、円載が、すぐれた留学僧、求法僧であったことは、皮日休らの円載への送別詩からうかがえる。皮日休の第一首「貝多紙上　経文動じ」「如意餅中　仏爪飛ぶ」や、第二首の「経を海底に取りて、龍蔵を開き」「咒を空中に誦《とな》えて、蜃楼を散ず」という、それぞれの対句に、円載が、どれほど経文の書写と蒐集につとめ、仏法の研究と修行にはげんだかが浮き彫りにされている。

事実、陸亀蒙が皮日休の円載への送別詩に和して贈った「襲美《しゅうび》（皮日休の字）重ねて円載上人の日本国に帰るを送るに和す」にも、唐における円載の際立《きわだ》った行実が、明確に述べられている。

老思東極旧巌扉　　老いて東極の旧巌扉《きゅうがんぴ》を思い
卻待秋風泛船帰　　卻《かえ》って秋風を待ち船《ふね》を泛《うか》べて帰る
暁梵陽烏当石磬　　暁梵《ぎょうぼん》　陽烏《ようう》　石磬《せきけい》に当たり
夜禅陰火照田衣　　夜禅　陰火　田衣を照らす
見翻経論多盈篋　　翻《ほん》されし経論多く篋《きょう》に盈《み》ち
親植杉松大幾囲　　親しく植えし杉松《さんしょう》大なること幾囲《いくい》ぞ
遥想到時思魏闕　　遥《はる》かに想う　到る時魏闕《ぎけつ》を思い
只応遥拝望斜暉　　只応《ただまさ》に遥拝《ようはい》して斜暉《しゃき》を望まん

### 陸亀蒙の和酬

円載の日本に帰るのを送った皮日休の詩に唱和した陸亀蒙のこの詩には、皮日休の詩句に対応する類句が鏤《ちりば》められているのが目につく。

すなわち陸亀蒙の詩の第一句にある「東極」は、皮日休の第二首第一句の「最東」、同じく陸亀蒙の第一句「旧巌扉」は、皮日休の第一首第二句の「旧禅扉」、前者第二句の

「秋風」は、後者第一首結句の「新秋」、および第二首第二句の「秋」といった具合である。

さらに両者の詩に類句を求めてみれば、陸亀蒙の詩の第五句「経論」に対する皮日休の第一首第三句の「経文」、第二首第五句の「経」があげられ、また前者第六句にみえる「幾囲」は、後者第一首の結句にある「十二囲」に対応している。さらに陸亀蒙の第七句「到時」は、皮日休の第一首第七句の「到日」と対応関係にある。

陸亀蒙の詩の第七句「魏闕」は、皮日休の第二首第二句の「玉署」に対応している語句とみなしてよければ、陸亀蒙にも邪馬台国についての知識があったことになる。皮日休は「玉署」をふくむ第二句を「射馬台《やまたい》は深《とお》けれど玉署は秋ならん」と詠んでいる「玉署」は、さきにふれたように、王城と解してよいが、陸亀蒙の詠んだ「魏闕」も、王城のことである。「魏闕」の「魏」は、高い、高大な、あるいは荘厳なということを意味していて、三国時代の魏の朝廷を指すものではない。皮日休は円載の母国日本を「射馬台」、すなわち邪馬台国に擬するとともに、日本の王城（平安京）のことを「玉署」と表現した。これに和した陸亀蒙が、唐の王城（長安京）のことを「魏闕」と表記したのは、皮日休の詠じた「射馬台」、すなわち邪馬台国のことを頭に浮べて、とくに魏の国とかかわらせてのことだったのではないか。このように考えるのは、けっして的《まと》はずれではあるまい。

陸亀蒙の詩が「老いて」ではじまるのは、円載が老齢であることをあらわしている。円載は唐の地を踏んでから四〇年、古稀の年齢に達したか、あるいは通り越していた。老いた円載は、極東日本への思いはつのり、日本に渡航するのに最適な季節秋をえらんだのである。時は唐の乾符四年（八七七）、もしくはその前年の秋であった。

## 経論多く篋に盈ち

第三句の「暁梵《ぎょうぼん》　陽烏《ようう》　石磬《せきけい》に当たり」と第四句の「夜禅　陰火　田衣を照らす」との対句は、円載が朝早くから夜晩《おそ》くまで勤行《ごんぎょう》につとめ、はげんだことをたたえたものである。「暁梵」は朝の勤行の声であり、「陽烏」は太陽、「石磬」は、勤行のさいに打ち鳴らす楽器で、枠《わく》のなかに石板をつりさげ、角製の槌で打つ仏具である。また「夜禅」は夜に行なう坐禅、「陰火」は、鬼火のこと、ここでは「陽烏」、すなわち太陽に対する月のことと解すべきであろう。「田衣」は袈裟《けさ》のことである。

陸亀蒙の詩の第五句「翻されし経論多く篋に盈ち」とは、円載が母国に持ち帰る訳経は箱に満ちていることを述べている。第六句の「親しく植えし杉松大なること幾囲ぞ」とは、円載が唐に来てから植えられた杉や松が、幾かかえにもなるほどの大きさに育ったさまをいう。円載の唐における滞在年数の長さにともなう求法の大きさ、蒐集した法門の多さを、こうした比喩をもちいて表現したわけである。

たしかに円載は、帰国するにあたって長い歳月にわたり書写、蒐集した多くの内典、外《げ》典《てん》を携えていた。そのありさまは、陸亀蒙のもう一つの送別詩に詠みこまれている。

## 陸亀蒙のもう一つの送別詩

陸亀蒙は、もう一つの詩を円載に贈っている。次の七言絶句《しちごんぜつく》がそれである。「円載上人、儒書泊《およ》び釈典《しやくてん》を挟《も》ちて日本国に帰ると聞き、更に一絶《いちぜつ》を作り以て送る」という長い詩題からも、円載が仏教の典籍のみならず儒学の書物など万巻《まんがん》の文献を日本に持ち帰ろうとしていたことが明確になる。

九流三蔵一時傾　　九流　三蔵　一時に傾け
万軸光凌渤澥声　　万軸　光は渤澥《ぼつかい》の声を凌《しの》ぐ
従此遺編東去後　　此従《ここよ》り遺編《いへん》東に去るの後
却応荒外有諸生　　却《かえ》って応《まさ》に荒外《こうがい》に諸生有らん

起句の「九流」とは、学問を儒家、道家、陰陽家、法家、名家、墨家、縦横家、雑家、農家の九派のこと、「三蔵」は、仏典を経蔵、律蔵、論蔵の三つに分類することである。陸亀蒙は、円載が仏教経典ばかりでなく儒書など「九流」にわたるものまで、実にひろくの書物を持ち帰ろうと心をかたむけたと褒めそやしている。事実、円載はひろく「九流」

にも通じていたのである。渤澥《ぼっかい》（渤海）の波の音をさえ凌駕《りょうが》するであろうと、帰国する円載が携えていく書籍の数の夥大さに驚歎の声を発している。

そして円載が唐から先人の書き遺《のこ》しておいた書物を東方の日本に持って行ってしまったあと、遠い国日本に、多くの学生《がくしょう》があらわれるであろうと、円載帰国後の大きな影響に期待することばを、餞《はなむけ》として送っている。

顔萱《がんけん》の詩は、「円載上人を送る」と題する七言律詩である。

**顔萱の円載を送る詩**

師来一世恣経行　　師来りて一世　経行《けいぎょう》を恣《ほしいまま》にし

郤泛滄波問去程　　郤《かえ》って滄波に泛びて去程を問うに

心静已能防渇鹿　　心静かにして已に能《よ》く渇鹿《かつろく》を防ぎ

鼙喧時為駭長鯨　　鼙《へい》喧《かまびす》しくして時に為《ため》に長鯨《ちょうげい》を駭《おどろ》かすと

禅林幾結金桃重　　禅林幾たびか結《みの》る金桃は重く

梵室重修鉄瓦軽　　梵室重《かさ》ねて修《かざ》る鉄瓦は軽し

料得還郷無別利　　料《はか》り得たり郷《くに》に還《かえ》るも別利《べつり》無く

只応先見日華生　　只応《ただまさ》に先ず見るべし　日華の生ずるを

この詩の第四句「鼙《へい》（攻め鼓《つづみ》）喧《かまびす》しくして時に為に長鯨を駭かす」には、「師云わく、舟人、鯨に遇えば、則ち鼓を鳴らし以て之を恐《おど》す」という原注があり、また第五句の「禅林幾たびか結《みの》る金桃は重く」には、「日本の金桃は、一実《いちじつ》の重さ一斤」なる注を付している。さらに第六句の「梵室重ねて修《かざ》る鉄瓦は軽し」には、「鉄を以て瓦を為《つく》れば、陶の者于《よ》りも軽し」の注が施されている。

第一句の「師来りて一世　経行を恣にし」は、円載師は、唐に来てから学問も修行も第一の名をえたということで、顔萱は円載の非凡さを賞讃している。そして第二句以下において円載に渡海の行路のようすを心配して訊ねると、円載は心の平静さを保っていれば、海水もろとも船をも呑むという喉《のど》の渇いた鹿を防ぐことができ、また攻め鼓《つづみ》を打ち鳴らせば、これまた船をも呑みこむという大きな鯨をおどすことができて、安全に帰国することが可能であると答えたことを詠んでいる。

## 金の桃と鉄の瓦

第五句の「禅林幾たびか結《みの》る金桃は重く」とは、その注に「日本の金桃は、一実の重さ一斤」とあるように、日本には重さ一斤（およそ六〇〇〜七〇〇ムグラ）もある金桃の実《み》がなるという伝説をふまえて、日本の仏教寺院の栄えたさまを歌っている。また第六句の「梵室重ねて修《かざ》る鉄瓦は軽し」とは、その注に「鉄を以て瓦を為《つく》れば、陶の者于《よ》りも軽し」とあるのによれば、鉄の瓦は、粘土を焼いて作った瓦よりも軽くて重々《おもおも》しさがないという意味であって、唐の仏教寺院の威厳のなさを言い、会昌の廃仏以後の復興、修復によっても仏教が衰えているさまを述べている。これは日本と唐の仏教事情を対照させているのであろう。

なお「金桃」に重い実がなるという伝説は、南朝梁《りょう》の文人任昉《じんぼう》（四六〇～五〇八）の撰とされている『述異記《じゅついき》』巻上に、「一説に日本国に金桃有り。其の実は重さ一斤なりと」とあるのを典拠とする。ちなみに『述異記』の撰者を任昉とするのは仮託であって、右の伝説に「日本国」とあるのも、この書の成立が、かなりくだるものであることを物語っている。また「鉄瓦」が粘土製の瓦よりも軽いという話にも、なにか典拠があるに違いないが、いまのところ不明である。時代は明《みん》にまでくだって明の太祖洪武帝（一三二八～一三九八）が、盧山《ろざん》（山東省諸城県の南）の絶頂に建てさせた天池寺の堂舎は、すべて「鉄瓦」であったという。

第七、第八の結句は、円載が故国に帰り着いてからの情況を叙したものである。第七句の「郷《くに》に還るも別利無く」の「別利無く」という語句は難解である。あるいは、「とりわけて求めるものがない」、すなわち「無著《むじゃく》（執着しないこと）」ということであろうか。

円載は、かつてともに入唐した円仁がすでに十数年前に延暦寺座主《ざす》に在任中に死去しており、またともに長安で求法した円珍が一〇年前に、座主安恵《あんね》の入滅のあとを受けて延暦寺の座主となっていたことも知っていたであろう。もはや比叡山に戻って行っても、七十歳の老齢に達していたか、超えていた円載の出る幕はなかったであろう。すっかり世代は交替し、延暦寺における円載の座はなきにひとしいものになっていたであろう。円載は、己《おのれ》の無力なことを自覚し、無念無想の境地に到達していたに違いない。そうした感慨を円載は、顔萱にもらしていたのであろうか。だが、顔萱は第八の結句で、「只応《ただまさ》に先ず見るべし　日華の生ずるを」と円載を、激励した。帰国した暁には、まず太陽が上るのを見よというわけである。けっして希望を失ってはならぬと強くはげましたのであった。

# 円載の遭難と智聡の生還

**智聡の帰国**

『日本三代実録』元慶《がんぎょう》元年十二月二十一日丁亥の条に、かつての円珍の従僧、のちに円載に随伴して行動をともにしていた智聡帰国の動静が、次のように記されている。

是の日、大宰府を令《し》て、唐人駱漢中《らくかんちゅう》幷びに従《とも》二人に衣粮を量《はか》り賜わしむ。入唐求法の僧智聡、彼《かしこ》に在《あ》ること廿《にじゅう》余歳《よさい》にして、今年此《ここ》に還《かえ》る。漢中《かんちゅう》は智聡に随《したが》いて来る。智聡言いて曰わく、漢中は是大唐《これだいとう》の処士《しょし》（官に仕えずに民間にいる人）にして、身に伎芸多し。其の才操を知りて、勧《すす》めて同《とも》に来ら令《し》む。躁求《そうきゅう》（あわただしく求めること）を事とせず、独《ひと》り艱渋《かんじゅう》を取る。願わくは優恤《ゆうじゅつ》を加えて、以て旅情を慰められんことをと。詔して請《こ》いに依る。

この記事は、才芸ある唐人の処士駱漢中らに衣粮を賜わることに関してのものなので、円載と唐で行動をともにしていた入唐求法僧智聡の言葉のなかに円載のことがあらわれないのは当然である。

だが、智聡が大宰府に対して、四〇年も唐で活躍した遣唐留学僧にして伝燈大法師位円載の消息について報告しないはずはない。智聡の報告は、いうまでもなく大宰府から中央政府に伝達されたに違いない。それなのに正史は、唐人駱漢中の賜衣粮のことのみを取りあげて、円載の消息についてはなぜか沈黙している。なにか訳《わけ》があったのであろうか。

## 虫の知らせ

『天台宗延暦寺座主円珍伝』には、円珍に先見《せんけん》の明《めい》があることの一例として、このような話が載っている。

亦嘗《またかつ》て諸僧に語って云わく、嗟乎《ああ》、留学《るがく》和尚円載、帰朝の間《とき》、滄海の中に漂没す。悲しき哉《かな》、骸《からだ》を父母の国に帰さず、空《むな》しく身《からだ》を鮫魚《こうぎょ》の郷《さと》に終わる。命なるかな如何《いかん》せん。再三感咽《かんえつ》（深く感じて泣きむせぶこと）し、涕泗《ていし》（流れでる涙と鼻汁）漣如《れんじょ》（涙の落ちるさま）たり。

円珍は、円載死すとの知らせを受ける前に、円載が帰朝の途次、遭難して海中に漂没したということを諸僧に語って、円載の悲運を悲しみ、とどまることなく涙を流したという。おそらく、この話は円珍の「先見の明」によるものでなく、すでに円載が帰国のために動いているとの情報を耳にしていた円珍が、さまざまな意味で気にかけていた円載の夢をみたのであろう。円珍は、円載の夢を頻《しき》りにみる人だったからである。

## 円載溺死の訃報

円載が溺死したという知らせをもたらしたのは、智聡であった。智聡が語ったところによると、円載は、智聡とともに唐の商人李延孝《りえんこう》の船に乗って帰国の途についたという。李延孝は、しばしば日本に来航し、円珍も従者を帰国させたり、自身が帰朝するさいに利用したのも李延孝の船であった。李延孝は、日本渡航に熟練していて、海上で遭難することなど寸毫《すんごう》も念頭になかったであろう。

しかし海洋の神は、いつも李延孝の船の航行安全を見守っていたわけではなかった。智聡の語ることは、このようであった。「海を過《よぎ》るに、俄《にわ》かに悪風に遭《あ》い、舳艫《じくろ》（船首と船尾）は破散し、円載和尚、及び李延孝等は、一時に溺死す」。不幸にも円載は、李延孝らとともに海難によって命《いのち》を殞《おと》してしまったのである。円載が日本に将来しようとした「万巻の書」も海の藻屑となって消え失せてしまった。

円載の経典求得の熱意を讃えた唐の文人皮日休は、「経を海底に取りて、龍蔵を開き」

と送別の詩を詠んだ。円載は、海底にまで潜《もぐ》っていって、龍宮城《りゅうぐうじょう》の文庫《ふみぐら》を開いて経典を求めたという比喩をもちいて、その熱心さを謳いあげたのである。皮日休の別離のこの詩句は、まさに現実のものとなった。海底に沈んだ円載は、龍宮城の文庫にあった貴重な典籍を探りあてたであろうか。

## 智聡余聞

智聡の話によれば、流れ漂っていた板を筏《いかだ》がわりに乗り移ると、たちまち激しい東風に煽《あお》られて、一夜のうちに唐の温州の海岸に漂着したという。その後、他の船に乗って日本に帰り着いた。円珍の伝記は、「是《ここ》に於て円載和尚の没溺《ぼつでき》の日を計《はか》るに、正《まさ》に是《これ》、和尚（円珍）の悲泣《ひきゅう》の時なり。天下、歎異《たんい》せざるは莫《な》し」と智聡の語った円載溺死の悲話を結んでいる。

安然《あんねん》の著『八家秘録』に、「梵字仏頂尊勝陀羅尼一巻　聡」とあるのは、まさしく智聡が唐から二十余年ぶりに帰国したさい将来した本であることをしめしている。さらに安然撰の『悉曇蔵』のなかに、「元慶の初め、聡（智聡）法師来る。久しく長安に住《とど》まり、委《つぶさ》に進士《しんし》（科挙試験に合格した者）を捜《もと》め、亦《また》南北に遊《ゆ》き、風音《ふうおん》（音韻・声調のこと）に熟知す」という智聡の消息を伝える記述がある。この唐における智聡の事蹟は、前節「日本へ向かった円載」の冒頭でふれたように、円載の行動をも察せしめるに足るものである。

右の記述につづいて安然は、智聡が「呉音、漢音」を説いたとも述べている。智聡が説いた呉音は、今日言う漢音伝来以前に伝わった六朝時代の南方系の字音のことではなく、中国方言音としての字音であるとされている。また漢音は長安地方の字音である。

智聡の説いた字音、音韻の学は、爾来《じらい》、日本において大きな影響をあたえた。こうした唐における智聡の修学の成果は、もちろん彼自身の資質によるものであるが、また円載の指導、もしくは円載の資性から生じる無言の影響のあったことも考えに入れておく必要があろう。数奇な生涯を送り、悲運にも大海で命を喪った円載は、智聡の遺《のこ》した業績のなかに生きつづけたともいえるのではなかろうか。

## 対極的な円載評価

明治末期から昭和にかけて日本仏教史の研究に大きな業績をあげたある碩学《せきがく》によって、「師蛮の賛《さん》の如きは、根本史料を知らぬ史家の悲哀を曝露《ばくろ》して、譬え様なき滑稽事である」と酷評された師蛮《しばん》（一六二六〜一七一〇）は、『本朝高僧伝』を著わした臨済宗《りんざいしゅう》の学僧である。

その著の円載伝の賛において、師蛮は、円載が唐からの帰国の途次、溺死したことを悼んで、こう述べたのであった。

吾《わ》が国の南詢《なんじゅん》（唐へ渡航して仏教を求めること）する者にして、未《いま》だ載公《さいこう》（円載）の如《ごと》く淹久《えんきゅう》して（久しくとどまって）、三紀《さんき》（三十六年）を逾《こ》え、其の風声《ふうせい》（風格と名声）を揚《あ》ぐるもの有《あ》らず。高妙《こうみょう》（高くすぐれていること）、人に邁《す》ぎたるの才無《な》くんば、烏《いず》くんぞ能《よ》く茲《ここ》に至らん耶《や》。若《も》し載公を使《し》て布帆《ふはん》（船）の恙無《つつがな》からしむれば、化導《けどう》（教えみちびくこと）の盛《さか》んなる、故土《こど》（故国）の頼《たよ》れること有らんも、不幸にして龍宮《りゅうぐう》の海に戢化《しゅうけ》（死亡すること）せんとは、命なるかな、悲しいかな。

これは万斛《ばんこく》の思いをこめた円載に対する哀歌であった。

こうした円載への高い評価と相反する悪い評価が、かなりはびこっていた。円載の行為を伝える円珍の記述にのっとって、「名誉ある留学僧の非行」「一個の悪行僧の事蹟」「唐土において悪行をかさねた円載」などと円載を貶《けな》す。そして円載の死を「運なるかな、命なるかな、この悪僧もついに天罰をのがれることができず、帰途暴風にあって、海中のもくずときえさったのである」と決めつけてしまう。

ところが最近の円載に対する評価は大きく変りつつある。「欠席裁判に泣いた円載も、歴史家や作家の情けある手で、千年の汚名をすすがれた、といえようか。酸《す》いも甘いも知り尽くした円載が、もし数千巻の経典とともに無事帰国していたら、日本の仏教界はどんなふうに変わったか」という評言に、円載評価の変わりようがうかがわれる。

そのいずれの評価が妥当であろうか。本書が円載をどのように評価しているか、その判定は、読者にゆだねることにしよう。ただ最後に、かつて円載の一生について、「そのまま立派な劇になって居り、否な劇以上の貴重な人生記録と言う可きである」と述べた先学の言葉をあげて、本書を締めくくっておきたい。

# 参考文献

〔全体にわたる史料と文献〕

円　仁『入唐求法巡礼行記』（東洋文庫、一九二六年、『大日本仏教全書』遊方伝叢書一、仏書刊行会、一九一五年）。

円　珍『行歴抄』（古典保存会、一九三四年、『智証大師全集』下巻、園城寺事務所、一九一八年）。

小野勝年『入唐求法巡礼行記の研究』全四巻（鈴木学術財団、一九六四〜一九六九年）。

足立喜六訳注・塩入良道補注『入唐求法巡礼行記』全二巻（平凡社、一九七〇〜一九八五年）。

深谷憲一訳『入唐求法巡礼行記』（中央文庫え-12-1、一九九〇年）。

小野勝年『入唐求法行歴の研究』上・下（法蔵館、一九八二〜一九八三年）。

伊勢興房『頭陀親王入唐略記』（東寺所蔵、『大日本仏教全書』遊方伝叢書一所収、仏書刊行会、一九一五年）。

〔円珍の夢〕

宮崎市定「留唐外史」（『日出づる国と日暮るる処』星野書店、一九四三年、のち『アジア史論考』上巻所収、朝日新聞社、一九七六年、および『宮崎市定全集』22所収、岩波書店、一九九二年、のち中公文庫み-22-12所収、一九九七年）。

佐伯有清『円珍（人物叢書）』（吉川弘文館、一九九〇年）。

〔唐への旅立ち〕

佐伯有清『最後の遣唐使』（講談社、一九七八年）。

E・O・ライシャワー 田村完誓訳『世界史上の円仁―唐代中国への旅―』（実業之日本社、一九六三年、のち『円仁唐代中国への旅』と題して原書房より復刊、一九八四年）。

佐伯有清『円仁（人物叢書）』（吉川弘文館、一九八九年）。

石田実洋「『伝教大師入唐牒』についての二、三の考察」（『日本歴史』六〇六、一九九八年）。

〔天台山にて〕

東野治之「遣唐使の朝貢年期」（『遣唐使と正倉院』、岩波書店、一九九二年）。

東野治之「唐と日本―二つの「中華」帝国」（『歴史を読みなおす』4、朝日新聞社、一九九四年）。

堀池春峰「円載・円仁と天台山国清寺および長安資聖寺について」（『日本仏教史』三、一九五七年、のち『南都仏教史の研究』下、諸寺篇所収、法蔵館、一九八二年）。

藤善眞澄「入唐僧異聞」（『密教』図説日本の仏教二、新潮社、一九八八年）。

仲尾俊博「遮那業と唐決」（『日本初期天台の研究』、永田文昌堂、一九七三年）。

〔会昌の仏教弾圧〕

E・O・ライシャワー「仏教弾圧」（田村完誓訳『世界史上の円仁―唐代中国への旅―』、実業之日本社、一九六三年）。

外山軍治「唐朝衰亡」（『東洋の歴史』5、隋唐世界帝国、人物往来社、一九六七年）。

栗原益男「廃仏―儒学復権の動き」（『中国の歴史』4、隋唐帝国、講談社、一九七四年）。

傅　璇琮『李徳裕年譜』（斉魯書社、一九八四年）。

仲尾俊博「円載」（『日本密教の交流と展開』、永田文昌堂、一九九三年）。

大庭　脩「高階遠成が唐からもらった辞令」（『親魏倭王』所収、学生社、一九七六年）。


〈円載と円珍の出会い〉

仲尾俊博「円修と円珍―金沢文庫本「室生山年分度者奏状」によせて―」（『日本密教の交流と展開』、永田文昌堂、一九九三年）。

小野勝年「入唐僧円修・堅慧とその血脈図記」（『石濱先生古稀記念東洋史論叢』、石濱先生古稀記念会、一九五八年）。

小野勝年「円珍『請入唐求法公験草稿』訳文」（『園城寺』別冊、一九七八年）。


〈長安への道〉

礪波　護「唐代の過所と公験」（『中国中世の文物』、京都大学人文科学研究所、一九九三年）。

佐伯有清「円珍と豊智と円載」（『円珍』、吉川弘文館、一九九〇年）。

〔円載の悲運〕

杉本直治郎『真如親王伝研究』(吉川弘文館、一九六五年)。

田島　公「真如（高丘）親王一行の「入唐」の旅—「頭陀親王入唐略記」を読む—」(『歴史と地理』五〇二、一九九七年)。

陳　舜臣「円載上人」(『唐詩新選』、新潮社、一九八九年、のち新潮文庫ち-1-6所収、一九九二年)。

橋本進吉「入唐僧智聡と悉曇蔵の聡法師」(『密教研究』四、一九二〇年、のち『伝記・典籍研究』所収、岩波書店、一九七二年)。

大屋徳城「円載に就いて」(『日本仏教史の研究』巻二「円珍の入唐求法」所収、東方文献刊行会、一九二九年、のち『園城寺之研究』所収、天台宗寺門派御遠忌事務局、一九三一年、および『大屋徳城著作選集』3所収、国書刊行会、一九八八年)。

岡本健一「悲劇の留学僧」(『古代の光（歴史万華鏡）』所収、三五館、一九九六年)。

加藤　繁「入唐留学僧円載に就いて」(『史学雑誌』四一—七、一九三〇年)。

〔その他の関係文献〕

上田進城「入唐僧円載」(『密宗学報』一七〇、一九二七年)。

志田不動麿「入唐僧二三の事蹟」(『東洋史上の日本』所収、四海書房、一九四〇年)。

久野芳隆「円載」(『真如親王』所収、照文閣、一九四三年)。

馬渕和夫「円載」（『日本韻学史の研究』Ｉ所収、日本学術振興会、一九六二年）。

畠山経彦「はるかなり比叡山―遣唐留学僧・円載の漂泊―」（『ＮＨＫ歴史ドキュメント』６所収、日本放送出版協会、一九八八年）。

松原哲明「入唐留学僧・円載の悲劇」（『マルコ・ポーロを超えた男―慈覚大師円仁の旅―』所収、佼成出版社、一九九三年）。

田島　公「日本、中国・朝鮮対外交流史年表―大宝元年〜文治元年―」（奈良県立橿原考古学研究所附属博物館編『貿易陶磁―奈良・平安の中国陶磁―』所収、一九九三年）。

# あとがき

わたくしが遣唐留学僧の円載に興味を惹かれ、関心を持ったのは、第二次世界大戦直後に、神田神保町の古書店で宮崎市定先生の著書『日出づる国と日暮るる処』（京都・星野書店、一九四三年八月刊）を購入し、そこに収められている「留唐外史」を読んだことにはじまる。もう五十年も前のことである。

宮崎先生の右の著書は、先生がある先生に贈った署名入りの得難い献呈本であったことも手伝って、中国唐における円載の動静を巧みに叙述する文脈のなかに宮崎先生の学究としての姿を見る思いであった。

戦後十年して宮崎先生から送っていただいた先生の御論文「書禁と禁書」が掲載されている雑誌『東亜問題』が封入されていた封筒は、戦後の物資欠乏を、つぶさに物語るものであった。

その封筒は、戦前に「中華民国」から宮崎先生のもとに送られてきた雑誌か書籍を包んだ丈夫なハトロン紙の封筒を裏返しして、再利用したものであった。もちろん宮崎先生御自身が再製されたものである。その見事な、わたくしへの宛名書きの文字と、「宮崎市定」と署名した差出し書きの文字が記されている封筒、しかも原封筒には、「中華民国郵政」の「壹角」切手一枚、「肆分」切手二枚が貼ってあって、捨ててしまうには、あまりにも勿体ないものであった。そこで、この封筒を、秘蔵する『日出づる国と日暮るる処』の後ろ表紙見返しに貼付し、宮崎先生の学恩に感謝の意を表わしたのである。（ちなみに、この本のカバーの裏側にも表側と同じものが印刷されているのを不思議に思っていたが、その疑問は、『宮崎市定全集』22、日中交渉の「自跋」に、先生が「カバーは一度刷って見たが、地味すぎると反省し、同じ紙の裏側に色を変えて刷り直すというへまをやらかしている」とお書きになっていることによって氷解した。）

こうして半世紀にわたり、大切に手もとに保存してある宮崎先生の御著書とかかわる円載の生涯を叙述した本を、ここに歴史文化ライブラリーの一冊として刊行するはこびとなった奇縁に思いを馳せざるをえない。

遣唐留学僧円載の心情を宮崎先生は、「自分は空疎な仏教の哲理よりも、もっと切実な人間らしい生活内容その物を研究しているのである」と代弁されて、円載の人間としての心理に迫ろうとしたのである。したがって宮崎先生の円載論は、いまなお読者を惹きつける。だからこそ近時、『日出づる国と日暮るる処』は、文庫本となって、ひろく人びとに読みつがれるべく書店の店頭を飾っているのである。

文庫本の「解説」を執筆された門弟子の礪波《となみ》護《まもる》氏は、また十年ばかり前にNHK教育テレビで放映された「はるかなり比叡山―遣唐留学僧・円載の漂泊」（のちに『NHK歴史ドキュメント』第六巻、日本放送出版協会、一九八八年、として出版化）の企画は、本書の「留唐外史」がベースになっている。円載の生涯については、毎日新聞編集委員の岡本健一が、『毎日新聞』に「悲劇の留学僧―在唐40年、遊興におぼれたエリート」（『古代の光（歴史万華鏡）』、三五館、一九九六年、に再録）という文章をつづり、円仁と同期の遣唐留学生円載《（ママ）》を、現代の仏教学者は「無頼漢」で、あわれな末路も「堕落妖僧の当然の冥運」とみなすのに対して、東洋史家の宮崎市定を始めとする歴史家や作家は、円載がうけつづけた千年の汚名をすすいだ、と共感を表明している。

と述べて、宮崎先生の円載論が、今日どのような評価をうけているか、その一端を紹介されている。

実は、わたくしのこの円載にかかわる伝記は、一九九五年一月九日、成城大学の定年を前にしての最終講義「誤解された入唐留学僧―天台僧円載の生涯―」に端を発している。その日、学内外から忝くも多数の人びとが聴講に来られた。「当日の講義は一般人も受講出来……私は、最初（二十七年四月）と最後の授業に接する機会を恵まれ、甚だ幸運な人生でした」と、かつてわたくしが勤務していた高校の同窓会報に、最終講義のことを報じてくれたのは森口雄稔君である。森口君は高校でのわたくしの最初の日本史授業の受講生徒であった。彼は先年、大著『伊能嘉矩の台湾踏査日記』（台湾風物雑誌社、一九九二年）を編んだ篤学の人である。

なかでも感謝にたえないのは、目出度くも卒寿の齢《よわい》をかさねられた吉川弘文館社長吉川圭三氏が、わたくしの拙い講義を聴講してくださったことである。しかも吉川氏は、最終講義の内容をもとに円載についての本をまとめては、という有り難い御言葉をかけてくださった。それが切っ掛けとなって本書が誕生したのである。

もちろん本書の内容と、最終講義のそれとは、そっくりそのままではない。講義では、円載は、「破戒・堕落」の僧であったのかの問題を提起し、つづいて円載は、「棄民」かという問題を取りあげ、そして円載の実像に迫ろうとしたのである。すなわち棚橋光男氏が、「円載―高岳親王―寂照―成尋……この《棄民の精神史》の探求もまた我々の課題である」(『参天台五台山記』の研究―日宋交流史の一断面―」、高澤裕一編『北陸社会の歴史的展開』、能登印刷出版部、一九九二年、のち『後白河法皇』、講談社選書メチエ65に再録、一九九五年。なお「入宋僧成尋―故国を棄てた男の軌跡」〈『古代と中世のはざまで―時代を撃つ王朝知識人』、北国新聞社、一九九七年〉にも、「《棄民の精神史》」云々の右の文の引用がある）と述べていることを批判的に言及した。またこの棚橋氏の指摘をうけて、「真如親王の生涯をめぐって、棚橋光男氏は、円載―高丘親王―寂照―成尋ら渡航僧の系譜を『棄民の精神史』として探求すべきことを主張している」と述べた細川涼一氏が、真如親王について、「皇太子という、政治権力の頂点にもっとも近い位置から人生の出発をして、最後は日本を離脱して『棄民』として終わったこの人物」と記し、さらに「棚橋光男氏に倣って『棄民の精神史』と呼んでもいいのかも知れない」(「真如親王の天竺への旅―澁澤龍彦『高丘親王航海記』によせて―」、『日本の仏教』1、仏教史を見なおす、法蔵館、一九九四年、のち「真如親王の天竺への旅―日本を棄てた「棄民」の精神史」と副題を改めて『死の境界の中世史』に再録、洋泉社、一九九七年）などと論じているのを取りあげ、遣唐留学僧円載をふくめて棚橋氏や細川氏らが指摘している人物たちを「棄民」とした所論を疑問視したのである。言うまでもなく「棄民」とは、「すてて顧みられない民」「見すてられて国家・君主の保護のもとにない人びと」などを意味し、本人の意思とは関係なく、君主の正しい判断の喪失、あるいは国家権力によって放棄されてしまった民衆、もしくは人びとのことである。

ちなみに中国古代における「棄民」についての、もっとも古い用例と思われるものは、『国語』晋語一に、

不鄭《ひてい》曰く、吾《われ》聞く、君《きみ》に事《つか》うる者は、其の義に従って、其の惑《まどい》に阿《したが》わずと。惑《まど》えば則ち民《たみ》を誤り、民誤りて徳《とく》を失《うしな》うは、是れ民を棄つるなり。民の君有るは、以て義を治むるなり。義以て利を生《しょう》じ、利以て民を豊かにす。之を若何《いかん》ぞ其れ民と与《とも》に処《お》りて之を棄てん、必ず太子を立てん、と。(不鄭が言うには、わたくしの聞くところでは、君に事える者は、君が義にかなえば従い、君の惑乱には従わないと言います。惑乱すれば、民を誤ります。民が誤れば徳を失います。そうなれば、民を棄て去るのと同じです。民に君があるのは、義を治めて正道を行なうためです。義によって利が生まれ、利によって民を豊かにします。民と共に居ながら、どうして民を棄てましょうか、わたくしは必ず太子を立てるつもりです。――大野峻氏の訳文による――)

とみえるものである。この話は、晋《しん》の献公（在位前六七六～前六五一）が太子の申生《しんせい》を廃して、驪姫《りき》の生んだ奚斉《けいせい》を太子に立てようとしたとき、丕鄭が献公を諫めたことにかかわるもので、君主が民衆をすててしまうことになる原因を、つぶさに物語っている。

俊才の棚橋光男氏は、わたくしが最終講義を行なった一ヵ月余り前の一九九四年十二月一日に四十七歳の若さで、この世を去ってしまわれた。最終講義のさいには、棚橋氏が逝去されていたことを知らなかった。棚橋氏の言う「棄民の精神史」論が後日発表され、そこで本来の「棄民」とは違う意味で、「棄民」という言葉をもちいていることを、いずれ詳細に展開されるものとばかり思っていた。しかし、その期待は叶わなくなってしまった。

ただ亡き棚橋氏の遺稿集『古代と中世のはざまで―時代を撃つ王朝知識人』に収録された金沢大学文学部における講義「日本史学概説」の第六講「入宋僧成尋―故国を棄てた男の軌跡」の副題によって察せられるように、棚橋氏の指摘する「棄民」とは、「故国を棄てた」人という意味であるらしい。

現に棚橋氏の「棄民の精神史」という規定をうけついだ細川涼一氏は、「日本を離脱して『棄民』として終わった」と述べていたし、さらにすぐれた著書である『死と境界の中世史』にその論考を再録されたさいには、副題を、「澁澤龍彦『高丘親王航海記』によせて」から「日本を棄てた『棄民』の精神史」へと変更されている。その副題の表記は、まさに「故国を棄てた」という棚橋氏の言いあらわし方と同様であって、「日本を棄てた」人を「棄民」としてとらえているようである。

しかしながら「故国」や「日本」を棄てた者を「棄民」とするのは、「棄民」の本来の意味から言って、どうもすっきりしない。しかも円載はもちろん、真如親王や成尋たちは、はたして故国日本を棄てたと言えるのであろうか、はなはだ疑わしい。

円載は在唐四十年のあいだに、いくたびか従僧を故国に赴かせ、朝廷に上奏し、旅資を支給され、また日本の情報を入手することにつとめていた。そして「万巻」の書を携えて故国に帰る途中、不運にも海難に遭遇し、日本に帰ることができなかったものの、故国への帰還を目指したことは、まぎれもない事実なのである。けっして「故国日本を棄てた」人物ではなかったといわなければならない。円載を「棄民」とする所論への疑義について、本文には書きこまなかったので、ここに付言しておく次第である。

本書では、本文のなかに研究者の芳名と参照した文献名を、いっさいあげなかった。巻末に「参考文献」を掲げて、学恩を蒙った諸氏に心から感謝の意を表する。なお「参考文献」は、章ごとに主として参照した文献を掲示したが、その多くは、それぞれの章だけに関係するものでなく、円載の生涯全体にわたるものもあることを申しそえておきたい。

一九九八年十二月

佐伯有清

著者紹介

一九二五年、東京市に生まれる
北海道大学文学部教授・成城大学文芸学部教授を歴任

主要著書
智証大師伝の研究　円珍　円仁　新撰姓氏録の研究　最後の遣唐使

歴史文化ライブラリー
63

# 悲運の遣唐僧
## 円載の数奇な生涯

一九九九年　四月一日　第一刷発行

著　者　佐《さ》伯《えき》有《あり》清《きよ》

発行者　吉川圭三

発行所　株式会社吉川弘文館
東京都文京区本郷七丁目二番八号
郵便番号一一三―〇〇三三
電話〇三―三八一三―九一五一〈代表〉
振替口座〇〇一〇〇―五―二四四

印刷＝平文社　製本＝ナショナル製本
装幀＝山崎　登

歴史文化ライブラリー

1996.10

---

# 刊行のことば

現今の日本および国際社会は、さまざまな面で大変動の時代を迎えておりますが、近づきつつある二十一世紀は人類史の到達点として、物質的な繁栄のみならず文化や自然・社会環境を謳歌できる平和な社会でなければなりません。しかしながら高度成長・技術革新にともなう急激な変貌は「自己本位な刹那主義」の風潮を生みだし、先人が築いてきた歴史や文化に学ぶ余裕もなく、いまだ明るい人類の将来が展望できていないようにも見えます。このような状況を踏まえ、よりよい二十一世紀社会を築くために、人類誕生から現在に至る「人類の遺産・教訓」としてのあらゆる分野の歴史と文化を「歴史文化ライブラリー」として刊行することといたしました。

小社は、安政四年(一八五七)の創業以来、一貫して歴史学を中心とした専門出版社として書籍を刊行しつづけてまいりました。その経験を生かし、学問成果にもとづいた本叢書を刊行し社会的要請に応えて行きたいと考えております。

現代は、マスメディアが発達した高度情報化社会といわれますが、私どもはあくまでも活字を主体とした出版こそ、ものの本質を考える基礎と信じ、本叢書をとおして社会に訴えてまいりたいと思います。これから生まれでる一冊一冊が、それぞれの読者を知的冒険の旅へと誘い、希望に満ちた人類の未来を構築する糧となれば幸いです。

吉川弘文館

〈オンデマンド版〉
悲運の遣唐僧
円載の数奇な生涯

On Demand
歴史文化ライブラリー
63

2017年（平成29）10月1日　発行

著　者　佐《さ》伯《えき》有《あり》清《きよ》
発行者　吉川道郎
発行所　株式会社　吉川弘文館
〒113-0033　東京都文京区本郷7丁目2番8号
TEL　03-3813-9151〈代表〉
URL　http://www.yoshikawa-k.co.jp/

印刷・製本　大日本印刷株式会社
装　幀　清水良洋・宮崎萌美

佐伯有清（1925～2005）

ISBN978-4-642-75463-7